Manuscrito inédito de 1931

EDIÇÃO BILÍNGUE

Blucher

SIGMUND FREUD

Manuscrito inédito de 1931
EDIÇÃO BILÍNGUE

PREFÁCIO
Alexandre Socha

TRADUÇÃO
Elsa Vera Kunze Post Susemihl

POSFÁCIO
Luís Carlos Menezes

Manuscrito inédito de 1931: edição bilíngue
Copyright do prefácio © 2017 Alexandre Socha
Copyright da tradução © 2017 Elsa Vera Kunze Post Susemihl
Copyright do posfácio © 2017 Luís Carlos Menezes
1ª reimpressão – 2018
Editora Edgard Blücher Ltda.

Imagem de capa: Wikimedia

Blucher

Rua Pedroso Alvarenga, 1245, 4º andar
04531-934 – São Paulo – SP – Brasil
Tel.: 55 11 3078-5366
contato@blucher.com.br
www.blucher.com.br

Segundo o Novo Acordo Ortográfico, conforme 5. ed. do *Vocabulário Ortográfico da Língua Portuguesa*, Academia Brasileira de Letras, março de 2009.

É proibida a reprodução total ou parcial por quaisquer meios sem autorização escrita da editora.

Todos os direitos reservados pela Editora Edgard Blücher Ltda.

Dados Internacionais de Catalogação na Publicação (CIP)
Angélica Ilacqua CRB-8/7057

Freud, Sigmund, 1856-1939
  Manuscrito inédito de 1931 : edição bilíngue / Sigmund Freud; prefácio de Alexandre Socha; tradução de Elsa Vera Kunze Post Susemihl; posfácio de Luís Carlos Menezes. – São Paulo : Blucher, 2017.
  120 p.

  ISBN 978-85-212-1260-7
  Título original : [ohne Titel]: ein bisher unbekannter Text

  1. Psicanálise 2. Édipo, complexo de 3. Bullitt, William C. (William Christian), 1891-1967 4. Psicanálise – História I. Título. II. Socha, Alexandre. III. Susemihl, Elsa Vera Kunze Post. IV. Menezes, Luís Carlos.

17-1646   CDD 150.195

Índice para catálogo sistemático:
1. Psicanálise

Conteúdo

Vestígios de uma controversa colaboração............ 7
Alexandre Socha

Manuscrito de 1931 [Sem título].................... 29
Sigmund Freud

Notas sobre alguns verbetes 97
Elsa Vera Kunze Post Susemihl

Posfácio 103
Luís Carlos Menezes

Vestígios de uma controversa colaboração

ALEXANDRE SOCHA[1]

NÃO RARO O ACASO cumpre papel determinante em muitas das realizações humanas. Em certa medida, ele também está presente no livro que o leitor tem agora em mãos. Ao entrar em uma livraria para escapar de um exaustivo roteiro turístico durante uma viagem de férias, deparei acidentalmente com um livro cuja capa dizia *Manoscritto 1931: inedito in edizione critica*, de Sigmund Freud. Creio que para os olhos de qualquer psicanalista ou estudioso de psicanálise a obra teria efeito semelhante, produzindo um imenso clarão no canto da empoeirada livraria. Levei sem titubear o exemplar e só depois, correndo para o hotel, pude examiná-lo com mais cuidado. Surpreendeu-me não

---

[1] Psicanalista e mestre em Psicologia Clínica pela Pontifícia Universidade Católica de São Paulo (PUC-SP). Membro da Sociedade Brasileira de Psicanálise de São Paulo (SBPSP).

apenas pelo meu total desconhecimento de sua existência, mas também pelo de colegas quando, em meu retorno, comentei sobre a descoberta. A estranheza logo deu lugar à curiosidade e me pus a uma pesquisa detida sobre suas origens e sua circulação entre os psicanalistas. Descobri que o acaso e o movimento de redescobertas parecem fazer parte da própria história deste texto, até agora inédito ao leitor de língua portuguesa.

O manuscrito de Freud pertencia a um projeto mais amplo, um livro realizado em colaboração com o embaixador William C. Bullitt, do qual era destinado a ser o primeiro capítulo. Esse livro chegou de fato a ser publicado em 1966, com o título *Thomas Woodrow Wilson: a psychological study*. No entanto, mesmo estampando na capa a coautoria de Sigmund Freud e William C. Bullitt, sua recepção oscilou entre a hostilidade e a indiferença. Editado originalmente nos Estados Unidos, o livro serviu de argumento ao então crescente antifreudismo de certos meios intelectuais e acadêmicos com a afirmação categórica de que, a julgar pelas reflexões ali presentes, Freud sequer deveria ser levado a sério. Nos meios psicanalíticos, um tanto constrangidos, a obra foi rapidamente encoberta pela forte suspeita de ser apócrifa, questionando-se o quanto do psicanalista vienense havia em sua composição e em seu resultado final.

O estudo, uma psicobiografia do vigésimo oitavo presidente estadunidense Thomas Wilson, foi considerado tendencioso, repetitivo, mecânico em suas análises e, por

vezes, inconsistente. Numa das primeiras resenhas publicadas, Erik Erikson o qualifica como "desastrosamente ruim", afirmando ser fácil reconhecer que Freud não poderia ter escrito quase nada do que estava ali impresso. A autoria deveria ser atribuída exclusivamente a William Bullitt, "pois ele ou transcreveu ou escreveu, traduziu ou fez ser traduzida cada palavra" (Erikson, 1967, p. 464, tradução nossa). Exceção concedida apenas a uma das duas introduções que compunham o livro, assinadas separadamente por cada autor – essa, sim, a única que guardava inegável parentesco estilístico com a escrita de Freud e da qual se encontrava disponível o original em alemão. A sentença de Erikson confluía com o veredito oficial do *establishment* psicanalítico, então proferido por Anna Freud: à exceção da referida introdução, não se dispunha de indícios documentais que comprovassem a autoria de seu pai no restante do livro, ao menos no modo como este fora publicado. Mais ainda, o contraste daquilo que fora impresso com a elegância e a profundidade da escrita freudiana dava boas razões para se duvidar disso. Um parecer que certamente contribuiu para relegar a publicação ao ostracismo desde seu aparecimento.

Na esteira desse questionamento, sua recepção no Brasil foi também consideravelmente tímida para um livro ao qual se outorgava formalmente a coautoria de Freud. Sua tradução ocorreu apenas em 1984 e, ainda hoje, mesmo entre os psicanalistas, a obra é pouco conhecida e ainda menos lida e comentada.

Foi apenas em 2004 que vieram à luz novas evidências que permitiram uma reavaliação da querela envolvendo o livro e a parceria entre Freud e Bullitt. Encontrada pelo renomado historiador da psicanálise, Paul Roazen, uma série de documentos pessoais de Bullitt havia sido depositada por sua filha na biblioteca da Universidade de Yale. Entre eles, muitos diziam respeito ao projeto comum a Freud: cartas, anotações, rascunhos, traduções e diferentes versões corrigidas à mão do livro sobre Thomas Wilson. Roazen também encontrou ali um manuscrito até então desconhecido. Estava escrito em alemão gótico, com a caligrafia de Freud e em 24 páginas de grande formato (40 × 24 cm), dimensão não usual que caracteriza seus manuscritos. Embora guarde certa semelhança com o que foi impresso em 1966 como primeiro capítulo, o texto encontrado traz consideráveis acréscimos a ele. Comparando as duas versões lado a lado, sobressai a severa edição sofrida pelo manuscrito original, com a exclusão de diversos parágrafos e numerosas variações sutis, desfigurando muito de sua estrutura e de sua proposta inicial.

A quantidade de passagens excluídas e o valor que estas encerram tornam a publicação integral deste manuscrito de notável relevância aos que se interessam pelo pensamento freudiano, como o leitor poderá aqui observar por si mesmo. Nele, encontrará uma apresentação geral de conceitos basilares da psicanálise, acessível ao público leigo e em um encadeamento fluido de ideias não obstante complexas. Mais ainda, encontrará reflexões inéditas

sobre o cristianismo, o que também lhe confere destaque para o conhecedor já íntimo de sua obra.

Embora o interesse despertado pelo texto se sustente por conta própria, uma compreensão das circunstâncias de seu surgimento vem em grande medida ampliar as ressonâncias de sua leitura, como busca assinalar o breve esforço historiográfico que segue. De modo implícito, o livro sobre Thomas Wilson não deixa de permanecer o tempo todo como pano de fundo, e seu esclarecimento põe ainda em relevo a importância histórica do manuscrito encontrado, iluminando um capítulo tão obscuro e controverso da produção freudiana.

Os antípodas estadunidenses

William C. Bullitt, coautor e responsável direto pela publicação de *Thomas Woodrow Wilson: a psychological study*, foi um influente jornalista, nascido de uma rica família da Filadélfia. Logo adentrou uma próspera carreira política e diplomática, tornando-se embaixador em Moscou, Berlim e Paris nos momentos mais dramáticos da primeira metade do século xx. Nas biografias de Freud, é frequentemente lembrado como um dos principais articuladores, junto com Marie Bonaparte, que possibilitaram o exílio em Londres em 1938. À época embaixador estadunidense em Paris, Bullitt não apenas convenceu o presidente Roosevelt a interceder enfaticamente junto à liberação de Freud pelos nazistas austríacos como também contribuiu

pessoalmente com os custos de sua partida e de seus familiares (Roudinesco, 2014/2016).

Freud e Bullitt se conheceram provavelmente entre 1919 e o começo da década de 1920 (Hinz, 2015). A esposa de Bullitt havia passado por um período de análise com Freud em Viena e, não muito tempo após o fim dessa análise e o divórcio de Bullitt, estabeleceu-se uma troca regular de correspondência entre os dois homens. A ideia de um projeto conjunto, no entanto, só veio a surgir anos mais tarde. Em maio de 1930, Bullitt solicitou uma visita a Freud, que se encontrava nas redondezas de Berlim, no sanatório de Schloss Tegel, para tratamento de uma pneumonia. Durante esse encontro, o diplomata mencionou seus planos de escrever um livro sobre o Tratado de Versalhes, do qual participara como conselheiro do então presidente Thomas Wilson em sua delegação. Bullitt conta que, visivelmente abatido, ao ouvir isso, "os olhos de Freud brilharam e ele se reanimou bastante. Fez-me rapidamente uma série de perguntas às quais respondi. Deixou-me então atônito ao dizer que gostaria de colaborar comigo na preparação do capítulo sobre Wilson" (Freud & Bullitt, 1966/1984, p. 15).[2]

Nascido no mesmo ano que Sigmund Freud, Thomas Woodrow Wilson (1856-1924) cumpriu um papel decisivo

---

[2] Ainda ao redor da contenda antes mencionada, certos autores argumentam que fora na verdade Bullitt quem persuadira Freud a realizarem juntos o estudo sobre Wilson, e não o contrário (Jones, 1957/1989).

no tratado de paz de Versalhes. Ao final da Primeira Guerra Mundial, as potências aliadas (França, Estados Unidos, Inglaterra e Itália) impuseram às nações derrotadas uma série de sanções e reparações exorbitantes, desmantelando assim os Impérios Centrais (Alemanha, Áustria-Hungria, Império Otomano e Bulgária). As medidas firmadas em Versalhes aprofundaram o clima de revanchismo e a crise financeira em países já depauperados pela guerra. Suas consequências são hoje intimamente relacionadas à ascensão do nazismo e de outros regimes totalitários. Em última análise, em vez de promover a paz, foram ali criadas condições que conduziriam à Segunda Guerra Mundial.

Thomas Wilson, um dos principais protagonistas no tratado e na concepção da Liga das Nações, foi à Europa determinado a levar-lhe a paz perpétua. Filho de um pastor presbiteriano, repleto de soberba e messianismo político, considerava-se literalmente eleito por Deus para a presidência norte-americana. Os fatos de nunca antes haver saído de seu país, de não falar nenhuma língua estrangeira e de exibir publicamente um profundo desconhecimento geográfico da Europa e dos líderes com quem negociaria não lhe afiguraram como empecilhos para cumprir seus desígnios. Como ironiza Freud em sua introdução ao livro, quando Wilson

> atravessou o oceano para trazer à Europa destroçada pela guerra uma paz justa e duradoura, viu-se na condição deplorável do benfeitor que quer devolver a visão a um

paciente, mas não conhece a estrutura do olho e esqueceu-se de aprender os métodos cirúrgicos necessários. (Freud & Bullitt, 1966/1984, p. 19)

Bullitt, que acompanhara de perto as negociações de Versalhes, fazia um julgamento abertamente crítico da postura de Wilson e do posterior desenlace do tratado, depondo inclusive em comissão do senado. Esse parece ter sido um primeiro ponto comum que o aproximara de Freud com relação ao tema. De um antiamericanismo manifesto e acirrado desde sua viagem de 1909 e dos embates envolvendo a análise leiga, Freud via em Wilson o representante de um puritanismo religioso onipotente e refratário à racionalidade: "não sei como evitar a conclusão de que um homem capaz de tomar as ilusões da religião tão literalmente, e que é tão seguro de sua intimidade pessoal com o Todo-Poderoso, seja inadequado para relacionar-se com os filhos comuns dos homens" (Freud & Bullitt, 1966/1984, p. 18).

Sua antipatia pelo presidente estadunidense era francamente declarada desde seu surgimento no cenário europeu e sua "intrusão em nossos destinos", em suas palavras. Possuía, no entanto, uma opinião diametralmente oposta sobre Bullitt, declarando-o "o único norte-americano a compreender a Europa e desejar fazer alguma coisa pelo seu futuro" (Roudinesco, 2017, p. 17, tradução nossa). Situado curiosamente no meio de duas figuras tão antagônicas como Bullitt e Wilson, Freud

parecia também confrontar-se com suas próprias opiniões sobre os auspícios do "novo mundo".

Com o lisonjeiro interesse pelo projeto do amigo diplomata, foi estabelecido que o livro doravante se dedicaria exclusivamente à intrincada figura de Thomas Wilson, que ademais sofria de constantes colapsos nervosos e achaques neurastênicos. A ideia de realizar o estudo de uma grande personalidade contemporânea, sobre a qual dispunham de farta documentação e testemunhos diretos, parece ter sido algo que atraiu Freud ao projeto. Há tempos ele almejava a escrita de uma psicobiografia distinta do ensaio empreendido sobre Leonardo da Vinci, e a ocasião pode ter lhe soado propícia para se debruçar nos fatos públicos e privados de um estadista cujos traços psicopatológicos tiveram tanto impacto social, corolário aos fenômenos de massa que marcaram o início do século xx. Como observa Peter Gay, "o fascínio de Freud e Bullitt por esse homem é perfeitamente compreensível; adquirira vulto na história recente de dois continentes e encenara, segundo ambos, suas neuroses num palco mundial" (1988/2008, p. 506).

É certo que as repercussões e as polêmicas que um livro como esse poderia levantar, bem como seu alcance a um público amplo e variado, não escaparam de todo a Freud. Diante da persistente crise financeira da Internationaler Psychoanalytischer Verlag, editora criada pelo movimento psicanalítico em 1919, o livro sobre Wilson trazia também o vislumbre de um tão esperado equilíbrio em suas

contas. Imerso em constantes preocupações com a editora "em 1930, era-lhe evidente que um livro sobre Woodrow Wilson iria aumentar substancialmente as vendas da Verlag, e talvez até mesmo salvá-la" (Gay, 1988/2008, p. 508).

Foram múltiplas, portanto, as motivações que o levaram ao trabalho com Bullitt no estudo sobre Wilson, ainda que, sob a perspectiva do próprio método psicanalítico, o projeto trouxesse grandes riscos de sucumbir em um mero exercício de análise selvagem. A própria escolha do subtítulo do livro já evidencia este cuidado: "não temos o direito de considerar nosso trabalho uma psicanálise de Wilson. Trata-se de um estudo psicológico, baseado no material ao qual tivemos acesso; e não temos pretensões maiores que essa" (p. 31 desta obra).

A COLABORAÇÃO E SEUS IMPASSES

Dias após o primeiro encontro no sanatório de Tegel, em maio de 1930, iniciaram-se os preparativos para o livro. Em outubro do mesmo ano e nos meses que seguiram, encontravam-se esporadicamente para novas sessões de trabalho e discussões. Concomitantemente, Bullitt realizou um curto período de análise com Freud durante sua estadia em Viena. A divisão de *Thomas Woodrow Wilson: a psychological study* fora então definida: uma introdução assinada por Bullitt e outra por Freud; uma exposição de dados biográficos sobre a infância e a juventude de Wilson, escrita por Bullitt; e, finalmente, uma análise

de sua personalidade, estando essa última parte sob a responsabilidade de ambos.

Embora o começo tenha sido quase imediato, a redação do material foi lenta, pelo menos nos parâmetros da produção freudiana. Discutiam juntos os discursos proferidos e as biografias que haviam sido escritas sobre Wilson. Bullitt provia Freud do material levantado em suas pesquisas e dos depoimentos de colegas e amigos que haviam pertencido ao seu círculo íntimo.[3] O primeiro período de conversas foi então sucedido pela elaboração de rascunhos e anotações. A despeito de Bullitt afirmar em sua introdução que o texto final do livro era um amálgama do que cada um dos dois havia escrito (criticando, corrigindo e reescrevendo as partes um do outro), os documentos recentemente encontrados sugerem algo diferente. O mais provável é que nesses encontros Freud tenha assumido para si o papel de supervisionar o trabalho de Bullitt, comentando e corrigindo seus escritos, ensinando-lhe conceitos fundamentais de psicanálise e oferecendo alguns aportes psicanalíticos às interpretações por ele empreendidas (Solms, 2006). Assim, mesmo que a certa distância, a implicação de Freud no resultado final não deveria em absoluto ser considerada irrelevante.

---

3 Com alguns desses Bullitt também possuía uma relação próxima, a exemplo do Coronel House, mencionado no primeiro parágrafo do manuscrito, com quem Bullitt se correspondia e relatava *pari passu* o andamento de seus trabalhos com Freud.

A intensa cooperação da dupla começou aos poucos a revelar sinais de divergências, quiçá inevitáveis. Como declara Bullitt,

> Freud e eu éramos ambos teimosos e nossas crenças bem diferentes. Ele era judeu e se tornara agnóstico. Eu sempre professei a fé cristã. Discordamos freqüentemente mas nunca brigamos. Pelo contrário, quanto mais trabalhávamos juntos mais amigos ficávamos. Porém, na primavera de 1932, quando o manuscrito estava pronto para ser datilografado em sua forma final, Freud alterou o texto e escreveu novas passagens às quais tive algumas objeções a fazer. Após longas discussões decidimos esquecer o livro por três semanas e depois tentar um acordo. Quando tornamos a nos encontrar, a discordância persistiu. (Freud & Bullitt, 1966/1984, p. 16)

Na declaração, Bullitt não especifica o conteúdo das novas passagens acrescentadas por Freud nem quais seriam suas objeções a elas. Contudo, deixa implícito que questões religiosas podem ter cumprido algum papel na impossibilidade de chegarem a um acordo. Com a nomeação de Bullitt, em 1933, para ser o primeiro embaixador estadunidense na União Soviética, o projeto foi forçosamente abandonado. Pelo menos é desse modo que Freud o avalia em carta de 7 de dezembro de 1933 para Marie Bonaparte: "Nenhuma notícia direta de Bullitt. Nosso livro não chegará a ver a luz do dia" (Roazen, 2005, p. 8, tradução nossa).

As pesquisas realizadas por Roazen e por aqueles que o seguiram no exame dos documentos encontrados em 2004 revelam que as referidas "novas passagens", enviadas por Freud em 1932, são justamente aquelas presentes no manuscrito inédito aqui apresentado. Escrito entre o verão de 1930 e o outono de 1931, o manuscrito de Freud introduz, como havíamos dito, noções gerais da psicanálise, em uma síntese que privilegia a apreensão do complexo de Édipo e de temas correlatos, como libido, bissexualidade, angústia de castração, identificações paternas e maternas e formação do supereu. Para além de toda essa esquemática, apresenta também uma interessante reflexão a respeito da religião cristã, não encontrada em nenhum outro lugar de sua obra.

Tendo em mente o messianismo evangélico de Wilson, embora não se refira diretamente a ele, Freud depreende da identificação com a figura de Jesus Cristo – alicerce do cristianismo –, a realização simultânea de masculinidade e feminilidade dentro do conflito edípico. Tal identificação permitiria uma expressão tanto da potência quanto da submissão ao Pai nos contornos de um complexo de Édipo invertido. Assujeitar-se por inteiro às vontades do Deus-Pai e com isso ascender a uma potência divina seria o que reuniria na mesma figura de Cristo aspirações da natureza bissexual de todo ser humano. Teríamos, assim, nas origens e nos fundamentos do cristianismo, uma expressão socialmente aceita da homossexualidade reprimida, em conformidade com as exigências do supereu.

Freud acrescenta ainda que sua sublimação pela via religiosa advém como aquilo que historicamente impedira os homens de se exterminarem, ideia que evoca outras já formuladas em *Mal-estar na civilização* (publicado no ano anterior, 1930) e que, dentro do contexto trazido, também ecoa as expectativas de Wilson para uma Liga das Nações como "comunidade de irmãos". Naturalmente, tais referências e associações entre cristianismo e homossexualidade passiva foram trechos excluídos posteriormente por Bullitt. Sendo cristão devoto, é possível que tais colocações tenham instituído um impasse incontornável entre os dois, fazendo ressoar o comentário do diplomata sobre suas diferenças religiosas.[4] Bullitt se preparava, no ano de 1932, para um retorno à vida política, e é presumível que tabém não estivesse disposto a se envolver em polêmicas que pudessem prejudicar suas aspirações naquele momento.

UM SINUOSO CAMINHO

Quando o trabalho parecia pronto para ser encaminhado à editora, em meados de 1932, foi assinado um

---

4 Houve ainda outro ponto de divergência que antecedeu este. Solicitado por Bullitt para uma interpretação das crises nervosas de Wilson, Freud sugeriu que elas poderiam ter como base uma afecção orgânica, o que enfraquecia consideravelmente outras hipóteses interpretativas de Bullitt. Também essa contribuição foi excluída na versão posteriormente publicada (Solms, 2006).

contrato e Bullitt enviou a Freud uma considerável soma como antecipação dos direitos autorais para a publicação do livro nos Estados Unidos. Uma cópia integral do texto em inglês foi datilografada, contendo a assinatura de ambos ao final de cada capítulo. No entanto, tendo eclodido o desacordo quanto à versão final, o livro foi suspenso pelos autores até um momento futuro em que pudesse ser retomado. Os conturbados eventos de 1938 e o reencontro pessoal de Bullitt com um Freud a caminho do exílio parecem ter servido como boa oportunidade para que esse "futuro" viesse a ocorrer. O embaixador lhe sugeriu na ocasião que, após devidamente instalado em Londres, retomassem o antigo projeto, para o qual ele havia preparado uma nova edição, incluindo parcialmente algumas das mudanças sugeridas por Freud anos antes e deixando outras de fora. Para Peter Gay,

> as indicações são de que Freud refugou o manuscrito que Bullitt lhe mostrou em Londres nos últimos anos de sua vida, mas por fim, cansado, envelhecido e preocupado com o futuro da psicanálise, a sobrevivência de suas irmãs, o câncer sempre ameaçador, acabou dando seu consentimento. (1988/2008, p. 507)

Freud nutria um grande sentimento de gratidão por todo o esforço empreendido por Bullitt em sua fuga e na de seus parentes da ameaça nazista (como deixa explícita a última carta que lhe enviou). Não é difícil imaginar

como essas condições podem ter facilitado a resolução das divergências anteriores, com o acordo de que grande parte das passagens que haviam provocado a obstrução fosse suprimida. Por uma questão de cortesia, definiram que a publicação do material não deveria ocorrer antes do falecimento da viúva de Wilson, o que só veio a suceder em 1961. Diagnosticado com leucemia desde 1946, Bullitt falece em 1967, semanas após a obra chegar às livrarias e sem ter conhecimento da repercussão que ela obteria.

Até as vésperas da publicação, Ernest Jones fora o único a ter acesso ao livro em sua versão final.[5] Os esboços preparatórios, as anotações e a correspondência entre os dois autores eram considerados perdidos havia muito tempo. Ao ser indagado por Max Schur em 1964, Bullitt afirmara que o material havia sido acidentalmente queimado durante sua fuga de Paris, em meio à invasão das tropas nazistas. Muito antes disso, quando os perigos da *Anschluss* começaram a se tornar mais incisivos (sobretudo após o interrogatório de Anna Freud), Bullitt considerou arriscado que Freud guardasse documentos do trabalho conjunto. Solicitou então que ele lhe enviasse os manuscritos que ainda tinha em mãos e, assim, em 1938, uma pequena valise foi levada da Berggasse 19 para o consulado

---

5 A seu respeito, afirma em 1957 que "embora seja um trabalho conjunto, não é difícil distinguir as contribuições analíticas de um autor das contribuições políticas do outro" (Jones, 1957/1989, p. 159).

estadunidense em Viena, seguindo de lá para a embaixada em Paris, onde se encontrava Bullitt.

Semanas após a morte de seu pai, em 1939, Anna Freud escreveu a Bullitt solicitando uma cópia de certo manuscrito que lhe havia sido enviado de Viena, muito provavelmente este que aqui examinamos. Lembrava tratar-se de um texto escrito por seu pai para uma colaboração com o amigo e desejava incluí-lo em uma publicação junto a outros artigos inéditos de Freud que haviam sido recém-encontrados em meio a seu espólio. Bullitt recusou-se a lhe enviar o manuscrito.

Em 1965, a família Freud recebeu uma cópia datilografada do livro já em vias de ser publicado, e Anna entrou novamente em contato com Bullitt, oferecendo-lhe ajuda para uma revisão das formulações psicanalíticas ali presentes. Bullitt rejeitou a proposta de Anna, alegando que se Freud desejasse que sua filha lesse e alterasse o texto, poderia ter solicitado que ela o fizesse em 1930-1932, quando seu primeiro esboço fora completado, ou ainda em 1938, quando fora revisado (Roazen, 2005).

Sua reação nesses dois eventos muito contribuiu para um posicionamento desconfiado da comunidade psicanalítica, para que se levantassem suspeitas de uma participação diminuta de Freud ou de que alterações pudessem ter sido feitas posteriormente sem o seu aval e o seu conhecimento – em outras palavras, de que o consenso alcançado em 1938 não fora respeitado e de que Bullitt pudesse ter modificado o texto, mantendo mesmo assim

o nome de Freud como coautor. As recentes pesquisas documentais não trazem elementos que comprovem tal hipótese.[6] Além disso, a própria existência do manuscrito indica que sua participação não foi tão exígua quanto supunham muitos psicanalistas. Por outro lado, é também possível acompanharmos por meio dele a quantidade de concessões necessárias e o comprometimento das ideias de Freud para que o livro chegasse à versão publicada.

Mesmo após sua descoberta, o manuscrito de 1931 continuou a ter uma absorção lenta no meio psicanalítico. Paul Roazen faleceu em 2005, deixando incompleta a obra na qual apresentaria pela primeira vez o manuscrito e sua história. Coube a Ilse Grubrich-Simitis o feito de publicá-lo em alemão, em 2006, junto a seus comentários,[7] sendo seguida por Mark Solms em uma tradução para o inglês realizada no mesmo ano, traçando também uma extensa reconstituição da parceria entre Freud e Bullitt. Foi necessária quase uma década para que o interesse pelo manuscrito fosse renovado, primeiro com a edição crítica

---

[6] Exceção feita (e, diríamos, significativa) ao fato de que, em uma das versões corrigidas à mão encontradas em 2004, a frase "pela parte analítica somos ambos responsáveis", que consta na introdução de Freud publicada, estava riscada. No lugar dela havia: "No que diz respeito à parte analítica, o trabalho principal e a maioria das conclusões são dele [Bullitt], mas fiz tantos acréscimos e mudanças que posso compartilhar a responsabilidade pelo resultado" (Solms, 2006, p. 1276, tradução nossa).

[7] Grubrich-Simitis, I. (2006). Zum Kontext eines bislang unbekannten Freud--Texts. *Neue Rundschau*, 117(1), 27-35.

italiana editada por Manfred Hinz e Roberto Righi em 2015,[8] e, mais recentemente, com uma edição francesa apresentada por Elisabeth Roudinesco em 2017. O que temos em mãos é, portanto, a primeira versão publicada do manuscrito de 1931 em língua portuguesa, em tradução realizada diretamente do original alemão por Elsa Vera Kunze Post Susemihl.

Além de se prestar como uma obra de difusão, como vimos, ultrapassando o âmbito da análise sobre Thomas Wilson, o manuscrito vem também acrescentar novas tintas ao imenso painel que compõe a obra freudiana. Para tanto, basta aos propósitos desta apresentação mencionar os diálogos com outras produções do mesmo período. Suas considerações sobre a feminilidade, por exemplo, estão intimamente relacionadas ao artigo "Sobre a sexualidade feminina", de 1931, e à conferência do ano seguinte sobre o mesmo tema, publicada nas *Novas conferências introdutórias à psicanálise*; bem como podemos encontrar nele reflexões embrionárias sobre o surgimento do cristianismo como uma "religião do filho" (enquanto o judaísmo teria permanecido uma "religião do pai"), segundo a teoria das religiões elaborada posteriormente em *Moisés e o monoteísmo*, escrito entre 1934 e 1938.

---

8 Uma tradução para o italiano já havia sido empreendida em 2005 e publicada no periódico *Psicoterapia e scienze umane, 39*, sendo essa, portanto, a primeira divulgação do manuscrito.

Com a atual publicação, temos, portanto, a oportunidade de contar com mais uma peça no intricado quebra-cabeças de um pensamento fértil e ainda hoje em contínuo movimento. Peça essa fugidia, que, após tantos percalços, pode agora, enfim, ser descoberta e reencontrada por cada um dos leitores.

REFERÊNCIAS

Erikson, E. H. (1967). Book review: Thomas Woodrow Wilson: twenty-eighth president of the United States – a psychological study. *International Journal of Psychoanalysis, 48*, 462-468.
Freud, S., & Bullitt, W. (1984). *Thomas Woodrow Wilson: um estudo psicológico*. Rio de Janeiro: Graal. (Trabalho original publicado em 1966).
Gay, P. (2008). *Freud: uma vida para nosso tempo*. São Paulo: Companhia das Letras. (Trabalho original publicado em 1988).
Hinz, M. (2015). Freud e il messianismo politico: indizi. In S. Freud, & W. Bullitt, *Manoscritto 1931: inedito in edizione critica* (pp. 9-18). Firenze-Lucca: La Casa Usher.
Jones, E. (1989). *A vida e obra de Sigmund Freud, v. 3 – última fase (1919-1939)*. Rio de Janeiro: Imago. (Trabalho original publicado em 1957).
Roazen, P. (2005, 22 de abril). Oedipus in Versailles. *Times Literary Supplement*. Recuperado de http://www.the-tls.co.uk/articles/private/oedipus-at-versailles/

Roudinesco, E. (2016). *Sigmund Freud na sua época e em nosso tempo*. Rio de Janeiro: Zahar. (Trabalho original publicado em 2014).

Roudinesco, E. (2017). Dieu et le Président (Présentation). In S. Freud, & W. Bullitt, *Abrégé de théorie analytique (1931)* (pp. 7-27). Paris: Editions du Seuil.

Solms, M. (2006). "Freud" and Bullitt: an unknown manuscript. *Journal of the American Psychoanalytic Association*, 54(4), 1263-1298.

■

Manuskript von 1931 [ohne Titel]*
Sigmund Freud

Viele Bücher sind über Thomas Woodrow Wilson geschrieben worden und viele Personen, die ihm nahe standen, haben versucht, sich selbst und anderen eine Erklärung seines Wesens zu geben. Alle diese Erklärungsversuche haben das eine gemeinsam, daß sie mit einem Fragezeichen enden. Wilson ist selbst für seine Biographen und Vertrauten ein Charakter voll von Widersprüchen, ein Rätsel geblieben. Colonel House trägt am 10. Juni 1919 in sein Tagebuch ein: „Ich habe nie einen Menschen gekannt, von dem man so von Stunde zu Stunde wechselnde Eindrücke bekommen konnte. Und es ist nicht allein seine Miene, die sich so verändert. Er besitzt einen so schwierigen und widerspruchsvollen Charakter, daß

---

* O texto usado como base para a edição brasileira consta da edição bilíngue em alemão e italiano *Manoscritto 1931: inedito in edizione critica*, publicada em 2015 pela editora La Casa Usher. A primeira publicação foi feita na revista alemã *Neue Rundschau*, ano 117, 2006, Heft 1, a cargo e com pósfácio de Ilse Gubrich-Simites, que baseou seu texto em uma transcrição e em uma cópia do texto original manuscrito por Freud, ambos arquivados na biblioteca da Universidade de Yale, New Haven, e que editou erros ortográficos, faltas e pontuação e ajustou o texto conforme o necessário para a publicação. Os colchetes utilizados por Freud foram substituídos por parênteses e reservados para eventual observação ou complementação editorial. O que está sublinhado no texto original está em itálico na tradução. Foram feitas algumas escolhas na edição do presente texto alemão por conta de pequenas diferenças entre o texto alemão apresentado nessa primeira edição e o texto alemão da edição italiana.

Manuscrito de 1931 [sem título][1]
Sigmund Freud

Muitos livros foram escritos sobre Thomas Woodrow Wilson e muitas pessoas próximas a ele também tentaram dar uma explicação para si e para outros sobre o seu caráter. Todas essas tentativas de explicação têm algo em comum, todas terminam em um ponto de interrogação. Até para seus biógrafos e seus confidentes, Wilson permaneceu uma personalidade plena de contradições, um enigma. Em 10 de julho de 1919, Coronel House registrou em seu diário: "Nunca conheci alguém de quem tivesse impressões tão diferentes a cada momento que se passava. E não é somente a sua expressão facial que se transforma dessa maneira. Ele possui uma personalidade tão difícil e

---

[1] Ao longo do texto, constarão nas notas de rodapé as palavras do texto original, em alemão, com eventuais comentários na seção "Notas sobre alguns verbetes". As palavras só serão destacadas na primeira vez que aparecerem e a tradução seguirá conforme a primeira ocorrência. Em caso de tradução diferente, constará novamente a palavra em alemão no rodapé. [N.T.]

es wirklich nicht leicht wird, sich ein Urteil über ihn zu bilden." Alle Freunde und Biographen Wilson's sind mehr oder minder ausdrücklich zu dem gleichen Schluß gekommen.

Wilson war gewiß eine komplizierte Persönlichkeit und es wird nicht leicht werden, den Weg zu der Einsicht zu finden, die den anscheinenden Widersprüchen seines Wesens zu Grunde liegen mag. Wir wollen uns nicht trügerischen Hoffnungen hingeben, wenn wir daran gehen, sein Seelenleben einer Analyse zu unterziehen. Diese Analyse kann nicht vollständig und vollkommen befriedigend geraten, denn von vielen Seiten seines Lebens und Wesens wissen wir nichts. Was wir überhaupt von ihm wissen, scheint weniger bedeutsam als, was wir nicht wissen. Alle Dinge, die wir über ihn wissen wollen, könnten wir erfahren, wenn er am Leben wäre und sich der Mühsal einer psychoanalytischen Untersuchung unterwerfen würde. Aber er lebt nicht mehr, niemand wird also jemals jene Dinge kennen lernen. Wir haben keine Aussicht, die entscheidenden Tatsachen seines Seelenlebens mit all ihren Einzelheiten und ihrem ganzen Zusammenhang zu erfassen und darum auch kein Recht, unsere Arbeit eine Psychoanalyse Wilson's zu heißen. Sie ist eine psychologische Studie, gestützt auf das Material, das uns eben zugänglich wurde; einen höheren Anspruch erheben wir nicht.

Andererseits wollen wir es doch nicht geringschätzen, daß wir über viele Seiten von Wilson's Leben und Charakter mancherlei wissen. Wenn wir auch keine vollständige Analyse anstreben können, so reicht unsere Kenntnis doch weit

contraditória que realmente não é fácil formar um juízo sobre ele". Todos os biógrafos e amigos de Wilson chegaram de forma mais ou menos explícita à mesma conclusão.

Com certeza Wilson era uma personalidade complicada, e não será fácil encontrar o caminho para uma compreensão daquilo que está na base das aparentes contradições do seu caráter. Não queremos nos deixar levar por esperanças enganosas ao nos dedicarmos a analisar sua vida psíquica. Essa análise não pode resultar completa nem satisfatória, pois nada sabemos a respeito de muitos aspectos de sua vida e de seu caráter. Aquilo que realmente sabemos sobre ele parece ser bem menos importante que aquilo que não sabemos. Poderíamos obter tudo o que gostaríamos de saber sobre ele caso ele estivesse vivo e se submetesse a uma trabalhosa investigação psicanalítica. Mas ele não vive mais e ninguém jamais conhecerá essas coisas. Não temos nenhuma perspectiva de apreender os fatos decisivos de sua vida psíquica com todos os seus detalhes e em todas as suas conexões e, dessa forma, também não temos o direito de considerar nosso trabalho uma psicanálise de Wilson. Trata-se de um estudo psicológico, baseado no material ao qual tivemos acesso; e não temos pretensões maiores que essa.

Por outro lado, também não queremos subestimar o fato de que temos conhecimento de vários aspectos da vida e da personalidade de Wilson. Ainda que não possamos pretender uma análise completa, temos suficiente

genug, um unsere Hoffnung zu rechtfertigen, daß es uns gelingen kann, die Hauptlinien seiner seelischen Entwicklung richtig zu erraten. Zu dem, was wir von Wilson als Einzelperson wissen, dürfen wir auch hinzunehmen, was uns die Psychoanalyse ganz allgemein über alle Menschenkinder gelehrt hat. Wilson war doch im Grunde ein Mensch wie ein anderer und denselben Gesetzen der seelischen Entwicklung unterworfen. Die Allgemeingiltigkeit dieser Gesetze ist von der psychoanalytischen Forschung durch die Untersuchung ungezählt vieler Einzelpersonen erwiesen worden.

Wenn wir das sagen, wollen wir nicht behaupten, daß die Psychoanalyse die letzten Geheimnisse des menschlichen Seelenlebens aufgedeckt hat. Aber sie hat sozusagen das Thor aufgestoßen, das zu diesem Innenleben führt und uns gestattet, einige Dinge nahe diesem Thor zu erkennen, während andere tiefer drin noch von der Dunkelheit verhüllt werden. Sie hat immerhin etwas Licht in diese Dunkelheit eingelassen, so daß wir die Umriße mancher Dinge zu unterscheiden vermögen. Weitere Bemühung wird uns wahrscheinlich zeigen, daß wir die Gestalt dieser Dinge nicht ganz richtig aufgefaßt haben. Aber das macht nichts. Unsere Erwartung, daß die Einzelheiten unserer gegenwärtigen Vorstellungen Abänderungen werden erfahren müssen, braucht uns nicht abzuhalten, sie für jetzt zu gebrauchen, wie sie eben sind.

Unsere Wissenschaft ist noch sehr jung. Die Leistung Newton's ist nicht dadurch entwertet worden, daß später

conhecimento para justificar nossa esperança de que sejamos capazes de supor as linhas gerais do seu desenvolvimento psíquico de maneira acertada. Podemos acrescentar ao que conhecemos de Wilson enquanto indivíduo singular aquilo que a psicanálise nos ensinou de forma geral sobre todos os seres humanos. Pois, na verdade, Wilson foi uma pessoa como outra qualquer e, assim, também esteve sujeito às mesmas leis do desenvolvimento psíquico que qualquer outro. A validade universal dessas leis foi demonstrada pela investigação psicanalítica por meio do exame de incontáveis pessoas individualmente.

Com isso, não queremos afirmar que a psicanálise desvendou os últimos mistérios da vida psíquica humana, mas que ela de certa forma destravou o portão que leva para essa vida interior e, assim, nos permitiu reconhecer algumas coisas próximas a esse portão, enquanto outras, mais na profundidade, ainda permanecem envoltas na escuridão. Ainda assim, a psicanálise deixou penetrar um pouco de luz nessa escuridão, de modo que conseguimos distinguir os contornos de algumas coisas. Um esforço posterior possivelmente nos mostrará que apreendemos a forma dessas coisas de uma maneira não totalmente correta. Mas isso não importa. A expectativa de que detalhes de nossas ideias atuais hão de ser alterados não nos deve impedir de utilizar as ideias no presente da maneira que as temos no momento.

Nossa ciência ainda é muito jovem. O trabalho de Newton não perdeu seu valor pelo fato de Einstein ter

Einstein mit seiner Lehre auftrat, und ohne einen Newton hätte es wahrscheinlich nie einen Einstein gegeben. Wir werden uns also einige der Lehrsätze zu Nutze machen, welche die Psychoanalyse erschaffen hat und für sie Glauben verlangt und müssen diese Begriffsbestimmungen und Voraussetzungen in möglichster Knappheit anführen, ehe wir das psychologische Problem in Angriff nehmen, das uns Wilson's Charakter aufgiebt.

Wir gehen davon aus, daß im menschlichen Seelenleben von allem Anfang an eine Kraft thätig ist, die wir Libido, die Energie des Sexualtriebs, heißen. Woher sie stammt, ist eine Frage, die uns hier nicht bekümmert. Es ist nicht überflüßig, zu bemerken, daß der Sexualtrieb, dessen Energie wir als Libido eingeführt haben, zwar dasjenige einschließt, was wir gemeinhin so nennen, aber auch weit darüber hinausgeht. Wir sagen, er äußert sich in allem, wofür wir das vieldeutige Wort „Liebe" anwenden. Sein Umfang deckt sich etwa mit dem Begriff des Eros bei Plato. Es würde wahrscheinlich eine Erleichterung für die Außenstehenden bedeuten, wenn wir überhaupt anstatt Sexualtrieb und Sexualität Eros und Erotik gebrauchen und die Libido als die Energie des Eros definierten. Aber das ist aus bestimmten Gründen in der Psychoanalyse nicht geschehen, und wir können es jetzt nicht ändern.

apresentado sua doutrina a seguir, e, sem um Newton, é provável que nunca tivesse havido um Einstein. Dessa forma, vamos fazer uso de algumas teses que a psicanálise estabeleceu e para as quais demanda reconhecimento, e precisamos apresentar suas definições conceituais e os seus pressupostos de forma resumida antes de nos voltarmos ao problema psicológico que a personalidade de Wilson nos apresenta.

Partimos da ideia de que, na vida psíquica do ser humano, atua desde o início uma força que chamamos de *libido*, a energia do instinto sexual.[2] De onde ela se origina é uma pergunta que aqui não nos preocupará. Vale notar que o instinto sexual, cuja energia foi introduzida aqui como libido, inclui aquilo que comumente chamamos dessa maneira, mas se estende também para muito além disso. Dizemos que ele se manifesta em tudo aquilo a que nos referimos com a palavra polissêmica "amor". Sua extensão coincide aproximadamente com o conceito de *Eros* em *Platão*. Provavelmente seria um alívio para o leigo caso simplesmente usássemos Eros e erotismo em vez de instinto sexual e sexualidade e definíssemos a libido como a energia de Eros. Porém, por razões específicas, não foi assim que aconteceu na psicanálise, e agora não podemos alterar isso.

---

2 [*Sexualtrieb*]. [N.T.]

Diese Libido muß irgendwo untergebracht sein. Wir stellen uns vor, daß sie bestimmte Bezirke und Teile unseres seelischen Apparates „besetzt", ähnlich wie eine elektrische Ladung einem leitenden Körper anhaftet, daß sie ebenso wie diese quantitative Veränderungen erfährt, im ruhenden Zustand eine dieser Quantität entsprechende Spannung erzeugt und nach Abfuhr drängt. Ferner, daß sie aus körperlichen Quellen kontinuierlich gespeist und erneuert wird.

Die erste Unterbringung der Libido ist die in der Selbstliebe, im Narzißmus. Dieser wird am greifbarsten beim Neugeborenen, dessen Interessen sich auf die Tätigkeiten und Produkte des eigenen Körpers beschränken, der an sich selbst alle Lustquellen findet. Als Säugling hat er zwar ein Objekt an der Mutterbrust, aber er kann nicht anders, als dies Objekt in sein Ich einzubeziehen und es wie einen Teil von sich selbst zu behandeln.

In Gegensatz zum Narzißmus stellen wir die Objektliebe. In seltenen Fällen bleibt auch beim Erwachsenen ein Verhältnis erhalten, das dem Narzißmus des Neugeborenen ähnlich ist. Solche Menschen erscheinen uns als Ungeheuer von Egoismus, sie sind nicht fähig, etwas anderes als sich selbst zu lieben. Normaler Weise wird im Laufe des Lebens ein Theil der Libido auf Objekte gerichtet, aber ein anderer Teil haftet am eigenen Ich. Der Narzißmus ist die

Essa libido precisa estar abrigada em algum lugar. Imaginamos que ela "investe" determinados setores e partes do nosso aparelho psíquico, de forma similar ao modo como uma carga elétrica adere a um corpo indutor, e que, ainda como uma carga elétrica, ela sofre alterações quantitativas, criando, no estado de repouso, uma tensão correspondente a essa quantidade, que pressiona em direção a uma descarga.[3] E, mais ainda, que ela é continuamente alimentada e renovada por fontes corporais.

O primeiro abrigo da libido é aquele no amor-próprio, no *narcisismo*. Este é melhor apreendido no bebê recém-nascido, cujos interesses se restringem às atividades e aos produtos do próprio corpo e que encontra em si mesmo todas as fontes de prazer. É verdade que, enquanto bebê, ele tem no seio da mãe um objeto, mas ele não pode fazer outra coisa que não seja incluir esse objeto no seu eu e tratá-lo como parte de si mesmo.

Em oposição ao narcisismo, colocamos o *amor objetal*. Em casos raros, permanece ainda no adulto uma relação que se mostra similar a essa do narcisismo no recém-nascido. Tais pessoas nos parecem monstruosas no seu egoísmo, não são capazes de amar algo diferente de si mesmos. Ao longo da vida, normalmente *uma* parte da libido é direcionada a objetos, mas outra parte permanece aderida ao próprio eu. O narcisismo é o abrigo originário

---

3 [*Abfuhr*]. [N.T.]

ursprüngliche Unterbringung der Libido, er bleibt auch ihre dauerndste. Das Verhältnis zwischen narzißtischer und Objektlibido kann innerhalb weiter Grenzen schwanken, die Hauptmenge der Libido kann beim Ich sein oder bei Objekten, aber kein menschliches Wesen ist ganz ohne Selbstliebe.

Unser zweiter Lehrsatz sagt aus: alle menschlichen Wesen sind doppelschichtig, bisexuell. Jede Einzelperson, ob Mann oder <u>Weib</u>, ist aus Elementen von Männlichkeit und Elementen von Weiblichkeit zusammengesetzt. Diese Tatsache steht für die Psychoanalyse ebenso fest wie z.B. für die Chemie, daß in allen organischen Körpern die Elemente Sauerstoff, Wasserstoff, Kohlenstoff u.a. zu finden sind. Eine Begründung dieser Tatsache brauchen wir nicht zu geben, auch dürfen wir uns hier die Erörterung all der Schwierigkeiten ersparen, denen man begegnet, wenn man den Begriffen „männlich" und „weiblich" außer ihrem biologischen Sinn noch einen psychologischen geben will. Unser Satz wird aber an Glaubwürdigkeit gewinnen, wenn wir daran erinnern, daß im männlichen wie im weiblichen Körper die nämlichen Geschlechtsorgane vorkommen, nur verschieden durch die Größe ihrer Ausbildung und die Abänderung oder den Verlust ihrer Funktion. So zeigt der Körper des Mannes zwei ganz nutzlose Brustdrüsen, seine Prostata entspricht der Gebärmutter und der Penis hat sein Gegenstück in der kleinen Klitoris des Weibes.

Wenn die primäre Phase des reinen Narzißmus überwunden ist und die Objektbesetzungen ihre Rolle zu spielen beginnen, ergeben sich drei Arten der Unterbringung

da libido e permanece o mais duradouro. A relação proporcional entre a libido narcísica e a libido objetal pode variar dentro de margens muito amplas, a porção maior da libido pode estar no eu ou em objetos, mas nenhum ser humano é totalmente desprovido de amor-próprio.

Nossa segunda tese afirma: todos os seres humanos são constituídos em dupla camada, são bissexuais. Cada indivíduo singular, seja homem ou *mulher*, é composto por elementos de masculinidade e elementos de feminilidade. Esse fato é tão certo para a psicanálise como é certo, por exemplo, para a química o fato de que em todos os corpos orgânicos se encontram os elementos oxigênio, hidrogênio e carbono, entre outros. Não precisamos justificar tal fato, e podemos nos abster aqui de discutir todas as dificuldades que encontramos quando queremos acrescentar aos conceitos de "masculino" e "feminino", além do seu sentido biológico, também um sentido psicológico. Porém, nossa tese vai ganhar em credibilidade se recordarmos que, tanto no corpo masculino quanto no feminino, estão presentes os mesmos órgãos sexuais, somente diferentes quanto à extensão do seu desenvolvimento e à alteração ou à perda de sua função. Dessa forma, o corpo do homem apresenta duas glândulas mamárias completamente inúteis, sua próstata corresponde ao útero, e o pênis tem sua contrapartida no pequeno clitóris da mulher.

Quando a fase primária do narcisismo puro é superada e os investimentos objetais passam a desempenhar seus papéis, resultam três tipos de abrigo para a libido: além

für die Libido, außer im Narzißmus in männlichen und in weiblichen Strebungen. Als Ausdruck der Weiblichkeit betrachten wir alle jene Strebungen, an denen der Charakter der Passivität haftet, so vor allem das Bedürfnis, geliebt zu werden, aber ebenso die Neigung, sich anderen zu unterwerfen, die im Masochismus, in dem Streben, von anderen Schmerzen zu erleiden, ihr Extrem erreicht. Männlich heißen wir dagegen alles, was den Charakter der Aktivität zeigt, also das Bedürfnis zu lieben, das, Macht über andere Menschen zu gewinnen – die Außenwelt sich zu unterwerfen und sie nach seinen Wünschen zu verändern. So lassen wir Männlichkeit mit Aktivität, Weiblichkeit mit Passivität zusammenfallen, das relative Verhältnis von solcher Männlichkeit und Weiblichkeit scheint beim bisexuell angelegten Menschen konstitutionell bestimmt zu sein. Im Allgemeinen gilt hier die Regel, daß dieses Verhältnis durch das manifeste Geschlecht der Person entschieden wird. Wenn ein Individuum mit Organen ausgestattet ist, die es befähigen, im Geschlechtsakt die männliche Rolle zu spielen, so darf man erwarten, daß auch das Ausmaß von Männlichkeit in seiner Konstitution und seinem Lebensverhalten größer ist als das seiner Weiblichkeit, und ebenso im Falle der weiblichen Sexualbetätigung. (Bei manchen Thierklassen verhält es sich entgegengesetzt). Aber diese Regel läßt zahlreiche Ausnahmen zu. Anatomische Männlichkeit und

do narcisismo, temos também as tendências[4] masculinas e femininas. Como expressão da feminilidade, consideramos todas aquelas tendências que têm a característica de passividade a elas aderida, sobretudo a necessidade de ser amado, mas também a inclinação a se submeter a outros, que alcança o seu extremo no masoquismo, na tendência a sofrer uma dor infligida pelo outro. Chamamos de masculino, por outro lado, tudo que apresenta a característica de atividade, ou seja, a necessidade de amar, de obter poder sobre as outras pessoas, de subjugar o mundo externo e alterá-lo de acordo com seus próprios desejos. Dessa forma, deixamos masculinidade coincidir com atividade, e feminilidade, com passividade, sendo que a proporção relativa de tal masculinidade ou feminilidade no ser humano com essa disposição bissexual parece ser uma determinação constitucional. De forma geral, vale aqui a regra de que essa proporção é decidida pelo sexo manifesto da pessoa. Se um indivíduo está equipado com órgãos que lhe permitem desempenhar o papel masculino no ato sexual, podemos esperar também que a extensão de masculinidade na sua constituição e em seu comportamento na vida seja maior que aquela de sua feminilidade, e da mesma maneira isso acontece na atividade sexual feminina. (Em algumas classes de animais isso se dá de forma oposta.) Mas essa regra permite várias exceções. Masculinidade

---

4 [*Strebung(en)*]. [N.T.]

psychologische Männlichkeit gehen oft nicht zusammen. Es kommt vor, daß Männer mit sowenig Männlichkeit und soviel Weiblichkeit geboren werden, daß der weitaus größere Betrag ihrer Libido an weiblichen Strebungen haftet, umgekehrt giebt es Weiber, die sowenig Weiblichkeit mitgebracht haben, daß sie in allem bis auf die Anatomie ihrer Genitalien Männern gleichzustellen sind. Wie das zugeht, wissen wir nicht. Die Psychologie muß diese Tatsachen annehmen, sie braucht sie nicht zu erklären. Vielleicht löst uns einmal der Fortschritt der Endokrinologie das Rätsel. Aber die inneren Sekretionen sind kein Thema der Psychologie. Uns muß es vorläufig genügen zu wissen, daß solche Dinge vorkommen.

Diese extremen Homosexuellen sind übrigens recht selten. In der Mehrzahl der Fälle sind bei den menschlichen Individuen beide, Männlichkeit wie Weiblichkeit, gut ausgebildet. Die mitgeborene Männlichkeit mag stärker sein als die Weiblichkeit, oder diese stärker als jene, alle möglichen Grade von Unterschieden im relativen Größenverhältnis findet man bei den einzelnen Personen verwirklicht.

Wenn bei einem Mann das Maß seiner angeborenen Weiblichkeit das seiner Männlichkeit übertrifft, so bedeutet das durchaus nicht, daß er nun dazu verurteilt ist, ein Leben als Homosexueller zu führen. Seine Kindheitserlebnisse können trotzdem seine Libido bei der Objektwahl in die eine oder die andere Richtung drängen. Er mag ein Homosexueller werden, aber ebensowohl ein normaler Heterosexueller. Im umgekehrten Fall, wenn seine Männlichkeit

anatômica e masculinidade psicológica com frequência não se apresentam juntas. Existem homens que nascem com tão pouca masculinidade e tanta feminilidade que uma porção muito maior de sua libido permanece aderida a tendências femininas, e, ao contrário, há também mulheres que trazem tão pouca feminilidade que, em tudo, com exceção da sua anatomia genital, são equiparáveis a homens. Como isso acontece, não sabemos. A psicologia precisa aceitar esses fatos, não precisa explicá-los. Talvez algum dia o desenvolvimento da endocrinologia nos ajude a solucionar o enigma. No entanto, as secreções internas não são um tema para a psicologia. Para nós, basta por enquanto saber que essas coisas acontecem.

Esses homossexuais extremos na verdade são bastante raros. Na maioria dos casos, nos indivíduos humanos, ambas, a masculinidade e a feminilidade são bem desenvolvidas. A masculinidade inata pode ser mais forte que a feminilidade, ou esta pode ser mais forte que aquela: nas pessoas, tomadas individualmente, encontram-se realizadas, em uma proporção relativa, todas as possíveis gradações.

Quando, em um homem, a medida da sua feminilidade inata supera a da sua masculinidade, isso de forma alguma significa que ele está condenado a levar sua vida como homossexual. Suas experiências infantis podem ainda assim pressionar sua libido durante a escolha de objeto para uma ou outra direção. Ele pode se tornar um homossexual tanto quanto um heterossexual normal. No caso inverso, caso sua masculinidade seja mais forte que

stärker ist als seine Weiblichkeit, ist es dadurch noch nicht sichergestellt, daß sich seine Libido zu normaler heterosexueller Objektwahl entschließen wird; unter dem Einfluß wirksamer Kindheitserlebnisse kann er trotzdem ein Homosexueller werden. Ein sehr männlicher kann bei voller Bewahrung seiner Männlichkeit sich doch zum Homosexuellen entwickeln, so daß er dabei nicht seinen Geschlechtscharakter, sondern bloß den seines Objekts gewechselt hat. Wir dürfen eben nicht übersehen, daß auch diese beiden Momente nicht in eindeutiger und fester Abhängigkeit von einander stehen. Nur daß der Mann, der von Anfang an mit mehr Männlichkeit ausgestattet ist, bessere Aussicht hat, jenen Kindheitseinflüßen zu widerstehen, die seine Libido zur homosexuellen Objektwahl drängen können. Andererseits kann sein Bruder, bei dem umgekehrt die feminine Anlage die stärkere ist, unter günstigen Kindheitseinwirkungen leicht den Weg zum normalen heterosexuellen Leben finden. Alle diese Mannigfaltigkeiten sind unwesentlich gegen die Tatsache, daß die Libido insoweithin nicht narzißtisch geblieben ist, sich auf männliche wie auf weibliche Beziehungen zu den Objekten verteilt.

Die ersten menschlichen Objekte, welche das Kind vorfindet, sind seine Mutter und sein Vater oder deren Ersatzpersonen. Die ersten Beziehungen zu diesen Personen sind von passiver Art, das Kind wird von ihnen gepflegt, geliebkost, durch ihre Befehle geleitet, gestraft. Auf diese Beziehungen wirft sich also zunächst die Libido des Kindes. Man kann nun beobachten, daß sich beim Kind allmählich eine

sua feminilidade, ainda não é certo por isso que sua libido se decidirá pela escolha objetal heterossexual normal. Sob a influência de experiências infantis marcantes, ele ainda assim pode se tornar um homossexual. Um indivíduo muito masculino, mesmo preservando toda sua masculinidade, pode se tornar homossexual, não trocando, para tanto, o seu caráter sexual, mas somente o do seu objeto. Não podemos ignorar, pois, que esses dois fatores não estão em dependência recíproca clara e firme. Somente sabemos que o homem que, desde o início, encontra-se equipado com mais masculinidade tem maiores perspectivas de resistir àquelas influências da infância, que podem pressionar sua libido em direção a uma escolha objetal homossexual. Por outro lado, seu irmão, no qual, de forma inversa, a disposição feminina é a mais forte, pode achar com facilidade o caminho para a vida heterossexual normal sob influências infantis favoráveis. Toda essa diversidade é sem importância diante do fato de que a libido, desde que não tenha se mantido narcísica, se distribui em relações objetais tanto masculinas quanto femininas.

Os primeiros objetos humanos com os quais a criança depara são sua mãe e seu pai, ou os seus substitutos. As primeiras relações com essas pessoas são de tipo passivo: a criança é cuidada por eles, acariciada por eles, direcionada pelas suas ordens e castigada por eles. Sobre essas relações, então, a libido da criança se lança de início. É possível observar agora que gradualmente se instaura na

Gegenwirkung einstellt. Es will den Eltern vergelten, was sie an ihm thun, seinerseits gegen sie aktiv werden, sie liebkosen, beherrschen, sich an ihnen rächen. Somit stehen dann seiner Libido vier Auswege offen, der in die Passivität gegen Vater und Mutter und der in die Aktivität gegen beide. Auf dem Boden dieser Situation entsteht der Oedipuskomplex.

Um den Oedipuskomplex auseinander zu setzen, müßen wir den dritten Hauptsatz der psychoanalytischen Theorie einführen, eine Annahme zur Trieblehre. Er sagt aus, daß im Seelenleben zwei Haupttriebe thätig sind, der Eros, die Sexualität im weitesten Sinne, dessen Energie wir eben Libido genannt haben, und ein anderer, den wir nach seinem Endstreben den Todestrieb heißen, der sich uns als Impuls zur Aggression und Destruktion kundgiebt. Der Todestrieb ist der Gegenspieler des Eros, dessen Streben dahingeht, immer größere Einheiten herzustellen, die durch die Libido zusammengehalten werden. Beide Triebe sind von Anfang an gleichzeitig im Seelenleben vorhanden, aber sie treten uns selten oder nie in reiner Form entgegen, vielmehr sind sie regelmäßig in wechselnden Mengenverhältnissen mit einander verlötet.

criança uma reação. Ela quer retribuir aos pais aquilo que estes fazem com ela, de sua parte quer se tornar ativa em relação a eles, acariciá-los, dominá-los e vingar-se deles. Dessa forma, abrem-se para sua libido quatro saídas possíveis: a passividade em direção à mãe ou ao pai e a atividade em direção a ambos. É no terreno dessa situação que surge o complexo de Édipo.

Para discutir o complexo de Édipo, precisamos introduzir a terceira tese da teoria psicanalítica, uma hipótese relacionada à teoria dos instintos.[5] Essa tese afirma que na vida psíquica atuam dois instintos principais: o Eros, a sexualidade no sentido mais amplo, cuja energia acabamos de denominar libido, e um outro, que chamamos, de acordo com sua tendência final,[6] de instinto de morte[7] e que se dá a conhecer como impulso à agressão e à destruição. O instinto de morte é o adversário de Eros, cujo anseio[8] é estabelecer unidades cada vez maiores, que se mantêm unidas pela libido. Ambos os instintos[9] estão simultaneamente presentes desde o início na vida psíquica, mas raramente, ou nunca, se apresentam a nós em sua forma pura; ao contrário, geralmente estão soldados um ao outro em quantidades proporcionais variáveis.

---

5 [*Trieblehre*]. [N.T.]
6 [*Endstreben*]. [N.T.]
7 [*Todestrieb*]. [N.T.]
8 [*Streben*]. [N.T.]
9 [*Triebe*]. [N.T.]

Manuscrito inédito de 1931

Was uns als Männlichkeit und Weiblichkeit erscheint, besteht niemals allein aus Libido, sondern führt immer einen gewissen Zusatz von Aggression oder Destruktionslust mit. Dieser Zusatz ist nach unserer Annahme bei der Männlichkeit viel größer als bei der Weiblichkeit, aber er geht auch letzterer nicht ab, er ist bei dieser, anstatt nach außen, nach innen, gegen die Person selbst gerichtet. Es würde uns viel zu weit führen, wollten wir versuchen, hier das Beweismaterial für dieses Stück der psychoanalytischen Theorie mitzuteilen. Wir wollen nur den Leser davor warnen, einer Neigung zur Vereinfachung nachzugeben und in solcher Absicht den Gegensatz von Männlichkeit und Weiblichkeit mit dem von Eros und Todestrieb zu identifizieren. Vereinfachen ist sehr lobenswert, aber man darf der Einfachheit nicht die Wahrheit opfern, die Wahrheit scheint zu sein, daß die Welt etwas sehr Kompliziertes ist.

Wir betonen nochmals, daß jede Libidobesetzung ein Stück Aggression mit sich bringt – und kehren nun zum Oedipus Komplex zurück. Diesen werden wir aber nur für das männliche Kind verfolgen. Der Oedipuskomplex des Mädchens entwickelt sich in anderer Weise. Der Unterschied liegt in der Beziehung zum Kastrationskomplex, von dem wir bald mehr hören werden. Beim Knaben besteht der Oedipuskomplex vor dem Kastrationskomplex und wird durch die Furcht vor der Kastration zu Ende gebracht, beim Mädchen ist die Feststellung seiner Kastration das erste Glied der Entwicklung, die zur Ausbildung des Oedipus Komplexes führt.

Aquilo que se nos apresenta como masculinidade ou feminilidade nunca consiste somente em libido, mas sempre é acompanhado de um certo acréscimo de agressão ou prazer destrutivo. Esse acréscimo é, segundo nossa hipótese, bem maior na masculinidade que na feminilidade, mas também não falta à última, e nesta está voltado para dentro, em direção à própria pessoa, em vez de para fora. Levar-nos-ia longe demais tentar comunicar aqui o material demonstrativo de comprovação dessa parte da teoria psicanalítica. Queremos somente alertar o leitor para que não ceda a uma tendência à simplificação e, com esse propósito, identifique a oposição entre masculinidade e feminilidade com aquela entre Eros e instinto de morte. Simplificar é muito louvável, mas não devemos sacrificar a verdade pela simplicidade. A verdade parece ser que o mundo é algo bastante complicado.

Sublinhamos mais uma vez que todo investimento libidinal traz consigo uma parcela de agressão e assim retornamos ao complexo de Édipo. Vamos acompanhá-lo, porém, somente para o caso do menino. O complexo de Édipo da menina se desenvolve de outra forma. A diferença entre eles reside na relação com o complexo de castração, do qual em breve teremos mais notícias. No menino, o complexo de Édipo está presente antes do complexo de castração e chega ao seu final por meio do medo da castração. Na menina, o reconhecimento de sua castração é o primeiro elo do desenvolvimento que leva à formação do complexo de Édipo.

Wir haben gesehen, daß die Libido des kleinen Kindes fünf Wege vor sich hat: 1) in den Narzißmus, 2) in die Passivität gegen die Mutter, 3) in die Passivität gegen den Vater, 4) in die Aktivität (mit Aggression) gegen die Mutter, 5) in die Aktivität gegen den Vater. Aus den Konflikten zwischen diesen verschiedenen Strebungen der Libido entsteht nun der Oedipuskomplex. Zu Anfang verspürt das Kind nichts von einem Konflikt, es gewinnt aus all diesen Strebungen Befriedigung und wird durch die Gegensätze zwischen ihnen nicht gestört. Aber allmählich wird es dem Kind zu schwer, seine aktiven Strebungen gegen Vater und Mutter mit seinen passiven Strebungen gegen dieselben Personen zu versöhnen, sei es, weil die Intensität dieser Strebungen gewachsen ist, sei es, weil sich ein Bedürfnis nach Vereinheitlichung (Synthese) all dieser Anwendungen der Libido einstellt. Besonders schwierig wird es für das männliche Kind, seine Aktivität gegen die Mutter mit seiner Passivität gegen den Vater zu vereinigen. Wenn er seiner Aktivität gegen die Mutter den richtigen Ausdruck geben will, findet er den Vater in seinem Weg, denn in Wirklichkeit ist es der Vater, nicht er, der die Mutter besitzt. Er möchte seine aggressive Aktivität auf den Vater richten, um ihn als Hindernis bei der Mutter aus dem Weg zu räumen, aber andererseits will er sich dem Vater in allen Stücken unterwerfen. Er kann nicht zugleich die Mutter besitzen und gegen den Vater passiv bleiben. Die Absicht,

Vimos que a libido da criança pequena tem cinco caminhos a seguir: 1) para o narcisismo, 2) para a passividade em direção à mãe, 3) para a passividade em direção ao pai, 4) para a atividade (com agressão) em direção à mãe, 5) para a atividade em direção ao pai. Dos conflitos entre essas diferentes tendências da libido surge então o complexo de Édipo. No início, a criança não percebe conflito algum, obtém satisfação de todas essas tendências e não é perturbada pelas contradições entre elas. Mas, gradualmente, torna-se difícil demais para a criança conciliar suas tendências ativas em direção ao pai e à mãe com suas tendências passivas em direção a essas mesmas pessoas, seja porque a intensidade dessas tendências aumentou, seja porque se instalou uma necessidade de unificação (síntese) de todas essas utilizações da libido. Torna-se particularmente difícil para a criança do sexo masculino unificar sua atividade em direção à mãe com sua passividade em direção ao pai. Se o menino quiser dar uma justa expressão de sua atividade direcionada à mãe, encontra o pai em seu caminho, pois na realidade é o pai quem possui a mãe, e não ele. Ele quer direcionar sua atividade agressiva ao pai para afastá-lo enquanto obstáculo para chegar à mãe, mas por outro lado também quer se submeter ao pai em todos os aspectos. Não pode possuir a mãe e, ao mesmo tempo, permanecer passivo em relação ao pai. A intenção

den Vater zu beseitigen, ist mit seiner Passivität gegen den Vater unverträglich. Der Abfluß der Libido in alle diese Einstellungen wird nun gehemmt, das Kind befindet sich in einem Konflikt und dies ist der Oedipuskomplex.

In dem frühen Alter der Entstehung des Oedipuskomplexes hat der Knabe noch keine Kenntnis vom körperlichen Unterschied der Geschlechter. Er unterscheidet Vater und Mutter als Persönlichkeiten, aber nicht als Geschlechtswesen. Er meint noch, daß alle menschlichen [Wesen] im Besitz eines Penis sind wie er selbst. Wir sagen, er befindet sich in der phallischen Phase. Aber irgendwann vor dem Alter von drei Jahren macht er die Beobachtung, daß der Penis, den er bei allen Personen vorausgesetzt hat, bei einigen fehlt. Es liegt ihm nahe, den Schluß zu ziehen, daß das Weib ein Mann ist, dem der Penis weggenommen, abgeschnitten wurde. Infolge dieser Erfahrung verfällt er der Kastrationsangst, er fürchtet, daß man auch ihm seinen eigenen Penis wegnehmen wird. (Das kleine Mädchen hat unterdes mit Entsetzen angenommen, daß auch sie einmal einen Penis hatte, der ihr abgeschnitten wurde). Die Psychoanalyse hat gelehrt, daß diese Kastrationsangst fast bei allen menschlichen Wesen wirksam gewesen ist. Es ist ein Erlebnis, das kaum je einem erspart wurde.

Die nächste Folge der Kastrationsangst ist eine außerordentliche Verschärfung der Konflikte des Oedipuskomplexes. Der Zufluß der Libido des Knaben zu seiner aktiven

de eliminar o pai é incompatível com a passividade em direção a ele. O escoamento¹⁰ da libido em todas essas configurações é agora inibido, a criança se encontra em um conflito, e isso é o complexo de Édipo.

Na idade precoce do surgimento do complexo de Édipo, o menino ainda não tem o conhecimento a respeito da diferença corporal entre os sexos. Discrimina a mãe e o pai enquanto personalidades, mas não enquanto seres sexuados. Ainda acha que, assim como ele, todos os seres humanos possuem um pênis. Dizemos que ele se encontra na fase fálica. Mas em algum momento, antes dos três anos, ele observa que o pênis, que ele supunha existir em todas as pessoas, falta a algumas delas. Está à mão concluir que a mulher é um homem de quem o pênis foi subtraído, cortado. Em consequência dessa experiência, ele é tomado pela angústia de castração, temendo que também o seu próprio pênis lhe seja retirado. (A menina pequena supõe entrementes, com espanto e horror, que também ela possuiu um pênis que lhe cortaram.) A psicanálise ensinou que essa angústia de castração esteve ativa em quase todos os seres humanos. É uma vivência da qual praticamente ninguém foi poupado.

A próxima consequência da angústia de castração é uma intensificação extraordinária dos conflitos do complexo de Édipo. O afluxo de libido do menino para sua

---

10 [*Abfluss*]. [N.T.]

Einstellung gegen den Vater erfährt eine große Steigerung, es kommt nun die Feindseligkeit und der Haß hinzu, die sich aus der Furcht ableiten, daß der Vater ihn zur Strafe dafür, daß er die Mutter begehrt, kastrieren wird. Je männlicher von Natur der Knabe ist, desto stärker wird diese Feindseligkeit gegen den Vater. Um sich von dieser Kastrationsangst zu befreien und sich im Besitz der Mutter zu sichern, kommt der Knabe regelmäßig dazu, dem Vater den Tod zu wünschen, und da der Vater nicht stirbt, regt sich der Wunsch, ihn umzubringen.

Andererseits erfährt auch die zärtlich-aktive Einstellung zur Mutter eine erhebliche Einschränkung, nicht nur wegen der Kastrationsgefahr, die mit der Befriedigung dieser Libidoströmung verbunden ist, sondern auch, weil die Mutter als ein kastriertes Wesen einen Teil ihres Anwerts für den Knaben verloren hat, ja sogar zu einem Objekt des Grauens für ihn geworden ist. Dies letztere Moment beeinträchtigt auch die Libidoströmung der Passivität gegen die Mutter. So führt die Kastrationsangst unausbleiblich zur Entwertung der Mutter als Objekt der Libido.

Indem sich die Libido des Knaben von der Mutter weg zum Vater wendet, erfolgt auch eine große Verstärkung der passiven Einstellung zum Vater. Der Anteil der Libido des Knaben, der zur Weiblichkeit, zur Lust an der Passivität, zum Bedürfnis, sich dem Vater zu unterwerfen, gegangen war, fände offenbar seine volle Befriedigung, wenn die Voraussetzung des Knaben zuträfe, daß man durch die Kastration aus einem Mann zu einem Weib wird. Der Knabe glaubt an diese Verwandlung. Seine Passivität drängt ihn also zum

posição ativa em direção ao pai sofre um grande aumento e é acrescido agora por hostilidade e ódio, derivados do medo de que o pai venha a castrá-lo como castigo por desejar a mãe. Quanto mais masculina for a natureza do menino, maior será sua hostilidade contra o pai. A fim de se livrar dessa angústia de castração e de garantir a posse da mãe, o menino chega a desejar regularmente a morte do pai, e como o pai não morre põe-se em curso o desejo de assassiná-lo.

Por outro lado, também a posição terna e ativa em relação à mãe sofre uma notável limitação, não somente em função da ameaça de castração, que está ligada à satisfação dessa corrente libidinosa, mas também porque a mãe, como um ser castrado, perdeu uma parte do seu valor para o menino, tendo se tornado até um objeto de horror para ele. Esse fator prejudica também a corrente libidinal de passividade em direção à mãe. Dessa forma, a angústia de castração leva inevitavelmente à desvalorização da mãe como objeto da libido.

Na medida em que a libido do menino se desvia da mãe e se dirige ao pai, acontece também um grande aumento da posição passiva em relação ao pai. A parcela da libido do menino que se voltou para a feminilidade, para o prazer na passividade, para a necessidade de se submeter ao pai, alcançaria evidentemente satisfação completa caso se realizasse o pressuposto do menino: de que, por meio da castração, um homem se tornasse uma mulher. O menino acredita nessa transformação. Logo,

Wunsch, die Kastration anzunehmen, zum Weib zu werden und auf diese Weise der Kastrationsangst endgiltig zu entgehen. Das Weib, zu dem man werden will, ist regelmäßig die eigene Mutter, deren Stelle man beim Vater einnimmt, die man dem Vater ersetzt. So stellt sich die Identifizierung mit der Mutter her, die von nun an als dauernder Bestandteil vom Unbewußten des Knaben aufgenommen wird, und dazu bestimmt ist, in seinem späteren Leben eine große Rolle zu spielen. Wir werden später noch einen anderen Mechanismus kennen lernen, der zur Ausbildung dieser Mutteridentifizierung beiträgt.

Der Einfluß der Kastrationsangst auf die Aktivität und die Passivität des Knaben hat ihm also den Kampf gegen die beiden Dilemmen aufgezwungen, aus denen sich der Oedipuskomplex zusammensetzt. Er will seinen Vater tödten und gleichzeitig will er sich ihm uneingeschränkt unterwerfen, selbst durch das Opfer der Kastration und der Verwandlung in ein Weib. Er will andererseits seine Mutter als Liebhaber besitzen und wird gleichzeitig von ihr abgestoßen, da sie ihm als Mahnung an die verabscheute Kastration erscheint – der Konflikt wird endlich so unerträglich, daß sich das Kind genötigt sieht, irgend einen Ausweg einzuschlagen.

Die Lösung des Oedipuskomplexes ist die schwerste Aufgabe, die dem Menschenkind in seiner psychischen Entwicklung gestellt wird. Beim Knaben hat die Wirkung der Kastrationsangst den größeren Anteil seiner Libido von der Mutter weg auf den Vater gerichtet. Sein Hauptproblem

sua passividade o impele ao desejo de aceitar a castração, tornar-se uma mulher e, dessa forma, se livrar definitivamente da angústia de castração. A mulher que se deseja ser é, via de regra, a própria mãe, ocupando seu lugar ao lado do pai e a substituindo para ele. Dessa forma, se estabelece a identificação com a mãe, que a partir de então será um componente duradouro estabelecido no inconsciente do menino, destinado a ter um papel decisivo na sua vida posterior. Mais adiante, ainda vamos conhecer outro mecanismo que contribui para a formação dessa identificação com a mãe.

A influência da angústia de castração sobre a atividade e a passividade do menino lhe impôs então a luta contra os dois dilemas que compõem o complexo de Édipo. Ele quer matar o pai e, ao mesmo tempo, quer se submeter incondicionalmente a ele, mesmo por meio do sacrifício da castração e da sua transformação em uma mulher. Por outro lado, ele quer possuir sua mãe como um amante e simultaneamente sente repulsa por ela, pois ela lhe aparece como uma advertência da castração indesejada. Finalmente, o conflito se torna tão insuportável que a criança se vê impelida a trilhar alguma saída.

A resolução do complexo de Édipo é a tarefa mais difícil colocada a uma criança no seu desenvolvimento psíquico. No menino, a atuação da angústia de castração desviou a maior parcela da sua libido, que estava dirigida para a sua mãe, em direção ao seu pai. Seu problema

wird also die Unverträglichkeit der beiden Triebregungen, den Vater zu tödten und sich ihm bedingungslos zu unterwerfen, was er beides heiß begehrt. Zum Nebenproblem wird die Unversöhnbarkeit seiner Liebeswünsche auf die Mutter mit dem Grauen, das sie ihm einflößt.

Eine Technik der Befreiung von dem Hauptproblem des Oedipuskomplexes wird von allen männlichen Kindern geübt, die der Identifizierung mit dem Vater. Gleich unfähig dazu, den Vater zu tödten und sich ihm zu unterwerfen, findet das Kind einen Ausweg, der einer Beseitigung des Vaters gleichkommt und doch seine Tödtung vermeidet. Er identifiziert sich mit dem Vater. Dadurch schafft er sowohl seinen zärtlichen wie seinen feindseligen Regungen Befriedigung. Er hat nicht nur seiner Liebe zum Vater und seiner Bewunderung für ihn Ausdruck gegeben, sondern ihn auch beseitigt, indem er ihn gleichsam durch einen Akt von Kannibalismus sich einverleibt. Nun ist er selbst der große, bewunderte Vater.

Dieser Schritt der Vateridentifizierung macht auch das Bestreben verständlich, den Vater zu übertreffen, größer zu werden als der Vater, von dem wir so oft das Leben des Heranwachsenden beherrscht sehen. Der Vater, mit dem sich der kleine Knabe identifiziert, ist nämlich nicht der Vater, wie er wirklich ist und auch später vom Sohn erkannt wird, sondern ein Vater, dessen Macht und dessen Vorzüge eine

principal passa a ser então a incompatibilidade das duas moções instintuais:[11] matar o pai e se submeter incondicionalmente a ele, ambas as situações ardentemente desejadas por ele. Como problema secundário, permanece a impossibilidade de conciliar seus desejos amorosos em relação à mãe com o horror que ela lhe causa.

Uma técnica para se livrar do problema principal do complexo de Édipo é exercida por todas as crianças do sexo masculino: trata-se da identificação com o pai. Igualmente incapaz de matar o pai e de se submeter a ele, a criança encontra uma saída que se iguala à eliminação do pai e ainda assim evita o seu assassinato. Ele se identifica com o pai. Por meio disso ele é capaz de apaziguar tanto as suas moções[12] de ternura quanto aquelas de hostilidade. Não somente deu assim expressão ao seu amor pelo pai e à sua admiração por ele, mas também o eliminou, incorporando-o como que por um ato de canibalismo. Agora ele próprio é o grande e admirado pai.

Esse passo da identificação paterna também torna compreensível o empenho de superar o pai, de se tornar maior que o pai, que vemos dominar tão frequentemente a vida daquele que está se desenvolvendo. O pai com o qual o pequeno menino se identifica, no entanto, não é o pai como ele realmente é e como será mais tarde reconhecido pelo filho, mas é, sim, o pai cujo poder e cujas

---

11 [*Triebregungen*]. [N.T.]
12 [*Regungen*]. [N.T.]

außerordentliche Vergrößerung erfahren haben, während seine Schwächen und Fehler verleugnet worden sind. Es ist der Vater, wie er dem kleinen Kind erscheint; später, an dieser Idealgestalt gemessen, muß der reale Vater notwendiger Weise den Kürzeren ziehen, und wenn der Jüngling den Vater übertreffen will, wendet er sich eigentlich nur vom Vater seiner gegenwärtigen Erfahrung zur Vatergestalt seiner Kindheit zurück. Aus diesem allmächtigen, allweisen, allgütigen Vater der Kindheit ist unterdes, infolge der Einverleibung, eine innere seelische Instanz geworden, die wir in der Psychoanalyse als Ichideal oder als Überich bezeichnen. Sie giebt sich das ganze Leben hindurch kund in Geboten und Verboten, ihre negative, verbietende Funktion ist uns allen bekannt als Gewissen, ihre andere, positive, gebieterische Seite ist vielleicht der Wahrnehmung weniger auffällig, aber gewiß noch einflußreicher. Sie findet in allem, was die Person bewußt wie unbewußt anstrebt, ihren Ausdruck. Auf solche Weise ist aus dem ungestillten Begehren des Knaben, seinen Vater zu tödten, die Vateridentifizierung hervorgegangen, aus dieser dann das Ichideal, das Überich.

Die Einsetzung des Überichs löst zwar nicht alle Schwierigkeiten des Oedipuskomplexes, aber sie schafft doch Unterkunft für einen gewissen Anteil der Libidoströmung, die ursprünglich Aktivität gegen den Vater war. Dagegen wird sie die Quelle neuer Schwierigkeiten, mit denen das Ich von

prerrogativas sofreram um extraordinário aumento, enquanto suas fraquezas e seus erros foram negados.[13] É o pai como ele parece ser para a criança pequena; mais tarde, quando comparado a essa figura ideal, o pai real estará necessariamente em desvantagem, e quando o jovem quiser superar o pai, ele simplesmente se volta do pai da sua experiência atual para aquela imagem paterna de sua infância. Aquele pai onipotente, onisciente e absolutamente bondoso da infância entrementes se transformou, por meio da incorporação, em uma instância psíquica interna que, em psicanálise, denominamos ideal do eu ou supereu. Ela se faz presente ao longo de toda a vida por meio de imposições e proibições; sua função negativa e proibidora nos é conhecida pela consciência moral, enquanto seu outro lado, positivo, dominador, talvez seja menos evidente à percepção, mas com certeza exerce maior influência. Expressa-se em tudo aquilo pelo que a pessoa anseia consciente ou inconscientemente. Dessa forma, o desejo do menino de matar o pai resultou em uma identificação paterna, e esta, por sua vez, resultou no ideal do eu, o supereu.

Ainda que o estabelecimento do supereu não resolva todas as dificuldades do complexo de Édipo, ele providencia abrigo para determinada parcela de corrente libidinal, que originalmente era atividade em direção ao pai. No entanto, ele será fonte de novas dificuldades com as

---

13 [*verleugnet*]. [N.T.]

nun an zu ringen hat. Denn das Überich wird jetzt durch's ganze Leben mahnen, tadeln, verdrängen und versuchen, alle die Wunschregungen der Libido einzudämmen und von ihren Zielen abzulenken, die in ihrer ersten Fassung seinen Ansprüchen nicht genügen. Bei manchen Menschen fällt dieser Kampf zwischen der Libido im Ich und dem Überich nicht sehr arg aus, entweder weil die Libido schwach ist und sich leicht durch die Gebote den Überichs lenken läßt, oder weil das Überich so schwach ist, *daß* es zusehen muß, wie die Libido ihre eigenen Wege geht, oder endlich weil die Ansprüche des Überichs sich nicht weit über die Schranken der menschlichen Natur erheben, so daß es der Libido nicht mehr zumutet, als sie zu leisten bereit ist. Ein solches Überich ist sehr bequem für die Person, die es beherbergt, aber es hat den Nachteil, daß es nur ein recht gewöhnliches Menschenkind entstehen läßt. Ein Überich, das nicht viel von der Libido verlangt, erreicht auch nicht viel von ihr; der Mensch, der nicht viel von sich erwartet, wird es auch nicht weit bringen.

Am anderen Ende der Reihe steht das Überich, dessen Ansprüche so großartig sind, daß es vom Ich anhaltend das schier Unmögliche verlangt. Ein solches Überich pflegt einige große Männer, viel Psychotiker und viel Neurotiker zu erzeugen. Es ist nicht rätselhaft, auf welche Weise ein solches Überich zu Stande kommt. Wir haben gehört, daß in der Vorstellung jedes Kindes Größe und Macht des

quais de agora em diante o eu terá que lutar. Pois, por toda a vida, o supereu vai advertir, reprovar, reprimir[14] e tentar represar e desviar das suas metas todas as moções de desejo da libido, que em sua primeira versão não satisfazem a sua exigência. Em algumas pessoas, essa luta entre a libido no eu e o supereu não é muito árdua, seja porque a libido é fraca e se deixa guiar facilmente pelos comandos do supereu, seja porque o supereu é tão fraco que só lhe resta ver a libido percorrer seus próprios caminhos, ou, por fim, seja porque as exigências do supereu não se erguem muito além dos limites da própria natureza humana, de forma que ele não espera mais da libido que aquilo que ela realmente está disposta a fazer. Um tal supereu é bastante cômodo para a pessoa que o abriga, mas tem a desvantagem de que somente deixa surgir uma pessoa bastante comum. Um supereu que não exige muito da libido também não obtém muito dela; o ser humano que não espera muito de si também não irá muito longe.

Do outro lado dessa série, encontramos o supereu cujas exigências são tão grandiosas que incessantemente demandam do eu o impossível. Um supereu assim costuma criar alguns grandes homens, muitos psicóticos e muitos neuróticos. Não há nada de enigmático na maneira como um supereu desses se produz. Ficamos sabendo que, na imaginação de toda criança, o tamanho e o poder

---

14 [*verdrängen*]. [N.T.]

Vaters übertrieben werden, aber in manchen Fällen ist diese Übertreibung so ungeheuerlich, daß der Vater, mit dem das Kind sich identifiziert, aus dem es sein Überich macht, mit dem allmächtigen Gott-Vater selbst zusammenfällt. Dann aber fordert das Überich vom Ich das Unmögliche. Was immer das Ich im Leben zu Stande bringt, das Überich ist nie damit zufrieden. Es mahnt unausgesetzt: du mußt das Unmögliche möglich machen, du kannst es. Du bist der geliebte Sohn des Vaters, du bist der Vater selbst, du bist Gott. Diese Übersteigerung des Überichs ist keine Seltenheit, die Psychoanalyse kann behaupten, daß die Identifizierung des Vaters mit Gott zu den normalen, wenn auch nicht regelmäßigen Vorgängen im Seelenleben gehört. Und wenn der Sohn sich mit dem Vater identifiziert, den Vater aber mit Gott, und dieses Vaterbild als sein Überich aufrichtet, dann fühlt er, daß er Gott in sich hat, daß er selbst zum Gott wird. Alles, was er thut, muß recht sein, weil Gott selbst es gethan hat. Der Betrag von Libido, der diese Identifizierung mit Gott besetzt, wird bei manchen Menschen so groß, daß sie die Fähigkeit verlieren, den Tatsachen der Außenwelt Rechnung zu tragen, die ihr widersprechen. Sie enden dann im Irrenhaus. Freilich, der Mann, dessen Überich auf eine solche Voraussetzung aufgebaut ist und der sich den vollen Respekt vor der Wirklichkeit bewahrt hat, der kann, wenn er Fähigkeiten besitzt, große Dinge in der Welt ausrichten. Sein Überich hat viel verlangt und viel bekommen.

Sich mit der Welt der Wirklichkeit zu vertragen, ist natürlich eine der Hauptaufgaben für jedes menschliche

do pai são exagerados, porém, em alguns casos, esse exagero é tão monstruoso que o pai, com o qual a criança se identifica e a partir do qual ela forma seu supereu, coincide com próprio todo-poderoso Deus-Pai. E então o supereu exige do eu o impossível. O que quer que o eu consiga realizar em vida, o supereu nunca se dá por satisfeito. Adverte ininterruptamente: você precisa fazer possível o impossível, você é capaz disso. Você é o filho amado do pai, você é o próprio pai, você é Deus. Esse exagero do supereu não é coisa rara, a psicanálise pode afirmar que a identificação do pai com Deus pertence a processos normais, ainda que não regulares, da vida psíquica. E quando o filho se identifica com o pai e identifica o pai com Deus, erguendo essa imagem de pai como seu próprio supereu, sente então que tem Deus dentro de si, que ele próprio se torna Deus. Tudo que ele faz precisa ser necessariamente correto, pois foi o próprio Deus quem o fez. A parcela de libido que está investida nessa identificação com Deus se torna tão grande em algumas pessoas que elas perdem a capacidade de considerar os fatos do mundo externo que contradizem essa identificação. Acabam no hospício. Claro, o homem cujo supereu se formou sobre tais exigências e que foi capaz de conservar ainda assim todo o respeito pela realidade pode, caso possua as capacidades para tanto, realizar grandes coisas no mundo. Seu supereu exigiu muito e recebeu muito também.

Estar de acordo com o mundo da realidade naturalmente é uma das tarefas principais de todo ser humano.

Wesen. Dem Kind wird diese Aufgabe nicht leicht. Keine der Strebungen seiner Libido kann in der Wirklichkeit volle Befriedigung finden. Es kann seinen Vater nicht tödten, es kann die Mutter nicht besitzen. Es ist ihm unmöglich, sich vollkommen seiner Mutter zu unterwerfen; es ist ebenso unmöglich, sich dem Vater vollkommen zu unterwerfen und auf dem Wege der Kastration sein Weib zu werden. Das Kind kann nicht wie Gott allmächtig sein. Irgendwie müssen alle diese einander widersprechenden Wünsche mit einander versöhnt werden, aber nicht blos mit einander, sondern auch mit den Tatsächlichkeiten des Lebens. Von allen Menschen, die in dieser Welt leben, wird gefordert, daß sie eine solche Versöhnung zu Stande bringen. Wem diese Aufgabe völlig mißlingt, der verfällt der Psychose, dem Wahnsinn. Wer nur einen teilweisen und dabei unbeständigen Ausgleich der Konflikte herstellen kann, wird ein Neurotiker. Nur wem der vollkommene Ausgleich gelingt, der wird ein gesunder, normaler Mensch. Allerdings muß man hinzufügen, daß bei den wenigsten Gesunden diese Versöhnung der Konflikte so gründlich ist, daß sie nicht unter dem Ansturm äußerer Schwierigkeiten zusammenbrechen könnte. Wir haben ein Recht zu sagen: Alle Menschen sind mehr oder weniger neurotisch. Bei manchen Menschen ist der Ausgleich immerhin so fest gegründet, daß sie sehr viel Unglück aushalten können, ohne in die Neurose zu geraten; bei anderen braucht es nur sehr wenig Mißgeschick, um sie zur Bildung neurotischer Symptome zu veranlassen. Jedes menschliche Ich, kann man abschließend sagen, ist das Endergebnis der

Essa não é uma tarefa fácil para a criança. Nenhuma das tendências da sua libido pode alcançar uma satisfação completa na realidade. Não pode matar seu pai, não pode possuir sua mãe. É-lhe impossível se submeter totalmente à sua mãe; tanto quanto lhe é impossível se submeter totalmente ao seu pai e se tornar sua mulher pela via da castração. A criança não pode ser onipotente como Deus. De alguma forma, todos esses desejos mutuamente contraditórios precisam ser conciliados entre si, mas não somente entre si, também com os fatos da vida. Alcançar uma conciliação assim é uma demanda feita a todas as pessoas que vivem neste mundo. Aquele que falha completamente nessa tarefa sucumbe à psicose e à loucura. Quem consegue estabelecer somente um equilíbrio parcial e inconstante dos conflitos torna-se um neurótico. Somente quem alcança um equilíbrio completo torna-se uma pessoa saudável e normal. Todavia, é necessário acrescentar que somente em algumas poucas pessoas saudáveis essa conciliação dos conflitos é alcançada de forma tão fundamental que, diante de um acúmulo de dificuldades externas, ela não entraria em colapso. Temos o direito de dizer: todas as pessoas são mais ou menos neuróticas. Em algumas pessoas, no entanto, o equilíbrio é tão bem estabelecido que são capazes de suportar muita infelicidade sem sucumbir à neurose; já outras precisam de somente um pouco de má sorte para que se inicie a formação de um sintoma neurótico. Podemos dizer para finalizar que cada eu de um ser humano é o resultado final do esforço por um equilíbrio

Bemühung um den Ausgleich all dieser Konflikte unter einander, der Konflikte zwischen den verschiedenen Strebungen der Libido, der Konflikte der Libido mit den Anforderungen des Überichs und mit den Tatsachen der realen Außenwelt. Was für eine Art von Ausgleich schließlich zu Stande kommt, hängt einerseits von dem Ausmaß der mitgeborenen Männlichkeit und Weiblichkeit ab, andererseits von den Eindrücken, die das menschliche Wesen in seiner Kinderzeit empfangen. Das Endergebnis dieses Ausgleichsversuchs bestimmt, was wir den Charakter des Ichs heißen.

Die Aufgabe, die dem Ich gestellt wird, die Ansprüche seiner Libido mit den Geboten des Überichs und den Bedingungen der Außenwelt zu vereinen, ist, wie wir gesagt haben, keine leichte. Denn alle Triebansprüche müssen irgendwie erledigt werden, das Überich besteht auf seinen Forderungen und die Anpassung an die Realität läßt sich nicht umgehen. Bei der Lösung dieser Aufgabe bedient sich das [Kind], wenn die glatte Befriedigung der Libido unmöglich ist, dreier Mechanismen, die uns nun beschäftigen sollen, der Verdrängung, der Identifizierung und der Sublimierung. Die Verdrängung besteht darin, den Triebanspruch, der nach Befriedigung verlangt, zu verleugnen, ihn zu behandeln, als existierte er nicht, ihn im Unbewußten zu belassen und zu vergessen. Die Identifizierung

de todos esses conflitos entre si, dos conflitos entre as diferentes correntes da libido, do conflito da libido com as exigências do supereu e com os fatos do mundo externo real. O tipo de equilíbrio que ao final será possível depende, por um lado, da extensão da masculinidade e da feminilidade inatas, e, por outro, das impressões que o ser humano recebeu durante a sua infância. O resultado final dessa tentativa de equilíbrio determina o que chamamos de caráter do eu.

A tarefa, que é atribuída ao eu, de unificar as exigências de sua libido com as imposições do seu supereu e as condições do mundo externo não é fácil, conforme havíamos dito. Pois todas as exigências instintivas[15] precisam ser encaminhadas de alguma forma, o supereu insiste nas suas demandas e não é possível se desviar da adaptação à realidade. Na resolução dessa tarefa, quando a completa satisfação da libido não é possível, a [criança] se utiliza de três mecanismos, que irão nos ocupar agora: a repressão,[16] a identificação e a sublimação. A repressão consiste em renegar[17] a demanda instintiva[18] que exige satisfação, tratá-la como se não existisse, deixá-la no inconsciente e esquecê-la. A identificação procura dar conta de um

---

15 [*Triebanspruch(üche)*]. [N.T.]
16 [*Verdrängung*]. [N.T.]
17 [*verleugnen*]. [N.T.]
18 [*Triebanspruch(üche)*]. [N.T.]

sucht einen Triebwunsch auf die Weise zu ersättigen, daß sich das Ich selbst in das begehrte Objekt verwandelt, so daß es gleichzeitig beides ist, das begehrende Subjekt und das begehrte Objekt. Die Sublimierung gebraucht das Verfahren, dem Triebwunsch eine wenigstens teilweise Genugtuung zu geben, indem man sein unerreichbares Objekt durch ein anderes, ihm verwandtes, ersetzt, das den Einspruch des Überichs und der äußeren Verhältnisse nicht zu fürchten hat. Der Triebwunsch wird so von einem höchst befriedigenden, aber unzulässigen Ziel oder Objekt auf ein vielleicht weniger befriedigendes, aber besser erreichbares verschoben.

Von diesen Methoden zur Durchsetzung der gewünschten Konfliktversöhnung ist die Verdrängung die unzweckmäßigste, weil es nämlich unmöglich ist, Triebansprüche auf die Dauer zu vernachlässigen, der Druck der Libido wird endlich zu stark. Die Verdrängung giebt nach und die Libido bricht hervor. Die Intensität der verdrängten Libido erfährt [durch] die Verdrängung eine große Steigerung, denn sie ist nicht nur von jeder Abfuhr abgeschnitten, sondern auch dem ermäßigenden Einfluß der mit der Realität rechnenden Vernunft entzogen. Hinter den Dämmen, welche die Verdrängung aufgerichtet hat, stellt sich also eine hohe Stauung der Libido her, die deren Durchbruch unvermeidlich macht. Es bleibt dann als Erfolg der Verdrängung,

desejo instintual[19] de uma maneira em que o próprio eu se transforma no objeto desejado, tornando-se ao mesmo tempo ambos, o sujeito desejante e o objeto desejado.

A sublimação se utiliza de um procedimento que permite ao desejo instintual ao menos uma satisfação parcial, na medida em que o objeto inalcançável é substituído por outro, que lhe é próximo, e que não precisa temer o protesto do supereu e das condições externas. O desejo instintual é então deslocado de uma meta ou de um objeto ardentemente satisfatório, mas não permitido, para outra meta ou objeto talvez menos satisfatório, porém mais facilmente alcançável.

De todos esses métodos para realizar a desejada conciliação de conflitos, a repressão é o mais inadequado, pois é impossível desconsiderar em longo prazo demandas instintivas. A pressão da libido finalmente se tornará forte demais. A repressão então cede, e a libido irrompe. A intensidade da libido reprimida é aumentada pela própria repressão, pois não é somente o seu escoamento que está impedido, mas ela também se vê afastada da influência mitigadora da razão que considera a realidade. Por trás das barragens erguidas pela repressão, ocorre um grande represamento de libido, que torna inevitável seu rompimento. O resultado da repressão é então que a libido não consegue forçar seu caminho para o objeto

---

19 [*Triebwunsch*]. [N.T.]

daß die Libido nicht zum ursprünglichen Objekt durchdringt, sondern neue Wege einschlagen und sich auf ein anderes Objekt werfen muß.

Ein Knabe z.B., der seine Feindseligkeit gegen den Vater vollkommen verdrängt, wird darum noch nicht frei von dem Triebwunsch, den Vater zu tödten. Im Gegenteil, hinter dem Damm der Verdrängung staut sich die aggressive Aktivität gegen den Vater auf, bis ihr Druck zu stark für den Damm wird. Die Verdrängung bricht zusammen, die Feindseligkeit gegen den Vater schafft sich Bahn, zeigt sich entweder gegen den Vater selbst, oder gegen Personen, die ihn ersetzen können, ihm irgendwie ähnlich sind udgl. Wenn es zur Bildung einer Neurose kommt, verschiebt das Kind seine Vaterbeziehung auf ein Thier und entwickelt die Symptome der betreffenden Phobie.

Die Feindseligkeit gegen den Vater ist etwas für den Knaben, insofern er Anspruch auf Männlichkeit hat, Unvermeidliches. Wenn ein Mann in seiner Kindheit diese Triebregung vollkommen verdrängt hat, so wird er im späteren Leben sicherlich in feindselige Beziehungen zu Vaterrepräsentanten geraten. Er wird diese Feindseligkeit bethätigen, auch wenn die Betreffenden sie nicht verdienen, sie durch nichts anderes auf sich ziehen, als daß sie ihn irgendwie an den Vater mahnen. In diesem Fall liegt die Begründung der

original, mas abre novos caminhos e precisa se lançar sobre um outro objeto.

Um menino, por exemplo, que reprime completamente sua hostilidade em relação ao seu pai nem por isso se torna livre do seu desejo instintual de matá-lo. Ao contrário, por trás do dique da repressão, essa atividade agressiva em direção ao pai vai se represando, até que sua pressão se torne forte demais para o dique. A repressão sofre um colapso, a hostilidade em direção ao pai encontra uma via e se expressa contra o próprio pai ou contra outras pessoas que podem substituí-lo, que se assemelham a ele de alguma forma etc. Quando se chega à formação de uma neurose, a criança desloca a sua relação paterna para um animal e desenvolve os sintomas da fobia correspondente.

A hostilidade contra o pai é algo inevitável para o menino, desde que ele tenha alguma pretensão à masculinidade. Se um homem reprimiu totalmente essas moções instintuais na sua infância, ele certamente acabará mantendo relações hostis com representantes paternos[20] ao longo de sua vida. Ele vai exercer essa hostilidade mesmo que as pessoas em questão não a mereçam e que somente atraiam a hostilidade para si porque, de alguma forma, lhe recordam o pai. Nesse caso, a motivação da hostilidade

---

20 [*Vaterrepräsentanten*]. [N.T.]

Feindseligkeit durchaus in ihm, sie hat kaum einen äußerlichen Anhalt. Wenn es sich aber trifft, daß er überdies reale Gründe für seine Feindseligkeit hat, so wird seine Gefühlsreaktion unmäßig werden und weit über die realen Anläße hinausgehen. Ein solcher Mensch wird es regelmäßig schwer haben, mit anderen Männern von gleicher Stellung, Macht und Fähigkeiten in freundschaftlichen Beziehungen zu bleiben; aber mit Personen zusammen zu wirken, die ihm an Stellung, Macht und Fähigkeiten überlegen sind, wird er unmöglich finden. Diese letzteren muß er hassen.

Wir können das Thema der Verdrängung nicht verlassen, ohne der Technik zu gedenken, die das Ich zur Sicherung der einzelnen Verdrängungsakte verwendet. Das Ich baut in solcher Absicht sogenannte Reaktionsbildungen auf, gewöhnlich durch Verstärkung solcher Regungen, die im Gegensatz zu der zu verdrängenden stehen. So z.B. entsteht bei der Verdrängung der anfänglichen Vorliebe für den Unrat (ursprünglich den eigenen Kot) eine Neigung zur Überreinlichkeit oder überhaupt die aesthetische Einstellung. Aus der Tendenz zur Verdrängung der Passivität gegen den Vater mag sich eine Überbetonung der Männlichkeit ergeben, die sich dann in hochmütiger Ablehnung jedes Vaterersatzes äußert. Das menschliche Seelenleben ist ein sehr kompliziertes Ding. Reaktionsbildungen gegen bedrängte Triebregungen spielen in der Charakterbildung

está inteiramente nele, mal tem alguma base externa. Quando, no entanto, acontece de existirem também razões reais para sua hostilidade, a sua reação emocional será desmedida e muito além dos motivos reais. Uma pessoa assim vai ter constantes dificuldades de manter relações amistosas com outros homens de posição, poder e capacidades similares aos seus; já se relacionar com pessoas de posição, poder e capacidades superiores aos dele ele achará impossível. Essas pessoas ele precisa odiar.

Não podemos deixar o tema da repressão sem antes lembrar da técnica utilizada pelo eu para garantir os atos individuais da repressão. Tendo em vista essa intenção, o eu constrói as chamadas formações reativas, usualmente por meio do aumento de impulsos[21] que estão em oposição àqueles a serem reprimidos. Dessa maneira, por exemplo, ao reprimir a predileção inicial pela sujeira (originalmente os excrementos), surge uma tendência à limpeza excessiva ou, de forma geral, também aparece uma orientação estética. A tendência à repressão da passividade em relação ao pai pode desembocar em uma acentuação exagerada da masculinidade, que ao final se manifesta em uma rejeição arrogante em relação a qualquer substituto paterno. A vida psíquica humana é uma coisa muito complicada. Formações reativas contra moções instintuais reprimidas têm um

---

21 [*Regungen*]. [N.T.]

keine geringere Rolle als die beiden frühzeitigen Identifizierungen mit dem Vater und mit der Mutter.

Die Methode der Identifizierung, deren sich das Ich zur Befriedigung der Triebansprüche bedient, ist ein sehr zweckdienliches und ungemein häufig angewendetes Verfahren. Wir haben bereits den Vorgang verfolgt, wie die aggressive Aktivität gegen den Vater zur Vateridentifizierung und zur Schaffung des Überichs führt und wie aus der Passivität gegen den Vater die Mutteridentifizierung wird. Aber ungezählte andere Identifizierungen werden täglich von allen Menschen vollzogen. Man hat beobachtet, wie das Kind, dem man sein Kätzchen weggenommen, sich für den Verlust dieses Objekts entschädigt, indem es sich mit dem Kätzchen identifiziert, wie dieses miaut, herumkriecht und vom Boden ißt. Ein Kind, daran gewohnt, daß es der Vater „als Pferd" auf seinen Schultern herumträgt, mag während einer längeren Abwesenheit des Vaters sich eine Puppe auf die Schultern setzen und sie so tragen, wie der Vater ihn, so daß jetzt er den Vater spielt. Ein Mann, der ein geliebtes Weib verloren, kann, bis er eine neue Liebe gefunden, versuchen, das verlorene Liebesobjekt durch die eigene Person zu ersetzen. (Wir werden auf ein lehrreiches Beispiel dieser Art in Wilson's Leben stoßen). Der Mann, dessen Passivität gegen seinen Vater keinen unmittelbaren Ausweg finden konnte, wird sich oft durch eine doppelte Identifizierung helfen. Er wird sich mit seinem Vater identifizieren und einen jüngeren Mann suchen, den er mit sich identifiziert und dem er dieselbe Liebe schenkt,

papel não menos importante na formação da personalidade que as duas identificações primárias com o pai e com a mãe. O método da identificação, do qual o eu se serve para apaziguar as demandas instintivas, é um procedimento muito oportuno e empregado com muita frequência. Já acompanhamos o processo por meio do qual a atividade agressiva direcionada ao pai leva a uma identificação paterna e à criação do supereu, e como a passividade em relação ao pai resulta na identificação materna. Porém, inúmeras outras identificações com todas as pessoas são realizadas diariamente. Observou-se que uma criança da qual se retirou seu gatinho, para se ressarcir da perda desse objeto, identifica-se com ele, passando a miar como um gatinho, engatinhar e comer do chão. Uma criança acostumada a ser levada nos ombros do pai como se ele fosse um "cavalo", durante uma ausência mais prolongada do pai, pode passar a colocar uma boneca nos seus ombros e levá-la da mesma maneira que o pai fazia com ela, de forma que agora a criança brinca de ser o pai. Um homem que perdeu sua mulher amada, enquanto não encontrar um novo amor, pode tentar substituir o objeto amoroso perdido pela sua própria pessoa. (Vamos nos deparar com um exemplo instrutivo desse tipo de mecanismo na vida de Wilson.) O homem cuja passividade em relação ao pai não pôde encontrar uma saída direta tentará obter ajuda por meio de uma dupla identificação. Identificar-se-á com o pai e procurará um homem mais jovem, que ele identificará consigo mesmo e a quem entregará o

die er infolge seiner unbefriedigten Passivität gegen den Vater sich von diesem gewünscht hat. Er kann auf diese Weise ein aktiver Homosexueller werden. In vielen Fällen wird ein Mann, dessen passive Einstellung zum Vater keinen direkten Ausdruck gefunden, sich diesen auf dem Weg der Identifizierung mit Jesus Christus verschaffen. Diese Identifizierung ist ein sozusagen regelmäßiges Vorkommnis im Seelenleben eines Christen, sie ist nach dem Zeugnis der Psychoanalyse bei ganz normalen Personen nachzuweisen. Das darf uns nicht Wunder nehmen, denn diese Identifizierung bringt das Kunststück fertig, zwei überaus mächtige, einander absolut widerstreitende Wünsche wie durch ein Wunder mit einander zu versöhnen, indem es sie beide gleichzeitig erfüllt. Die beiden Wünsche sind: ganz passiv unterwürfig gegen den Vater, ganz weiblich zu sein, und andererseits ganz männlich, machtvoll, gebieterisch wie der Vater selbst. Christus hat es vermocht, indem er sich demütig dem Willen Gottvaters unterwarf, selbst Gott zu werden, indem er sich der vollkommensten Weiblichkeit hingab, das äußerste Ziel der Männlichkeit zu erreichen. So wird es also verständlich, daß die Identifizierung mit Christus so häufig vorgenommen wird, um das bedeutsamere der beiden Oedipusprobleme, das Verhältnis zum Vater, zu erledigen.

Es ist vielleicht kein Zufall, daß mit der Ausbreitung des Christentums über die Welt in den ersten Jahrhunderten nach Christi Geburt ein außerordentlicher Rückgang

mesmo amor que desejou receber do pai em consequência da sua passividade não satisfeita. Pode vir a se tornar dessa maneira um homossexual ativo. Em muitos casos, um homem cuja posição passiva com relação ao pai não encontrou uma expressão direta pode consegui-la por meio de uma identificação com Jesus Cristo. Essa identificação é, por assim dizer, um acontecimento que se dá com bastante regularidade na vida psíquica de um cristão e pode ser demonstrada em pessoas totalmente normais de acordo com o testemunho da psicanálise. Isso não nos deve espantar, pois essa identificação é capaz de uma façanha: a conciliação *como que por milagre* de dois desejos extremamente potentes e absolutamente antagônicos por meio da satisfação simultânea de ambos. Os dois desejos são: ser totalmente passivo e submisso em relação ao pai e completamente feminino e, por outro lado, ser totalmente masculino, poderoso e dominador como o próprio pai. Cristo foi capaz de realizar isto: ao se submeter humildemente à vontade do Deus-Pai, tornou-se ele próprio Deus, e, ao se entregar à mais completa feminilidade, alcançou a meta mais extrema da masculinidade. Dessa forma, torna-se compreensível que a identificação com Cristo seja realizada tão frequentemente para resolver o mais importante dos dois problemas do complexo de Édipo, isto é, o relacionamento com o pai.

Talvez não seja um acaso que a difusão do cristianismo no mundo durante os primeiros séculos após o nascimento de Cristo tenha coincidido com uma extraordinária

im direkten Ausdruck der Homosexualität und eine Unterdrückung derselben zusammenfiel. Dieser direkte Ausdruck war eben entbehrlich geworden. Die Identifizierung mit Christus gab der Homosexualität in einer Weise Ausdruck, die nicht nur gesellschaftliche Billigung fand, sondern auch dem Überich genehm sein mußte, das ja immer nach Gottähnlichkeit strebt. Christus ist eben die vollkommenste Versöhnung von Männlichkeit und Weiblichkeit. Der Glaube an seine Gottheit schließt den Glauben daran ein, daß man durch die äußerste Passivität die kühnsten Träume der Aktivität verwirklichen kann, indem man sich dem Vater ohne Rückhalt unterwirft, überwindet man ihn und wird selbst Gott. Dieser Mechanismus der Versöhnung der gegensätzlichen Strebungen von Männlichkeit in dem von Natur aus bisexuellen menschlichen Wesen mit Hilfe der Christusidentifizierung ist etwas so Befriedigendes, daß er der christlichen Religion einen langen Bestand versichert. Die Menschen werden nicht so bald geneigt sein, das aufzugeben, was ihnen die Erlösung von dem schwersten Konflikt bedeutet, mit dem sie zu ringen haben. Sie werden sich der Identifizierung mit Christus noch durch lange Zeiten bedienen.

Es giebt noch einen anderen Weg zur endgiltigen Erledigung des Vaterproblems im Oedipuskomplex, der über eine doppelte Identifizierung führt. Wenn der Knabe ein Mann

regressão da expressão direta da homossexualidade e uma supressão²² desta. Essa expressão direta se tornou desnecessária. A identificação com Cristo ofereceu à homossexualidade uma forma de expressão que não somente encontrou tolerância na sociedade, mas que também precisava estar de acordo com o supereu, que de fato sempre anseia por uma semelhança com Deus. Cristo é justamente a conciliação mais perfeita de masculinidade e feminilidade. A fé na sua natureza divina inclui também a fé na ideia de que por meio de uma passividade extrema podem se realizar os sonhos de atividade mais audaciosos; ou seja, que ao se submeter sem reserva ao pai se possa superá-lo e, dessa forma, tornar-se a si próprio Deus. Esse mecanismo de conciliação das duas correntes opostas da masculinidade na natureza bissexual do ser humano com ajuda da identificação com Cristo é algo tão satisfatório que garante à religião cristã uma longa existência. Os homens não se sentirão inclinados tão cedo a abandonar aquilo que significa para eles uma salvação do conflito mais difícil com o qual precisam se haver. Ainda vão se utilizar da identificação com Cristo por longos tempos.

Existe ainda outra via para a resolução definitiva do problema paterno no complexo de Édipo, uma via que passa por uma dupla identificação. Quando o menino se

---

22 [*Unterdrückung*]. [N.T.]

geworden ist und selbst einen Sohn gezeugt hat, so identifiziert er diesen Sohn mit sich selbst als Kind und sich mit seinem eigenen Vater. Seine Passivität gegen seinen Vater findet nun ihren Ausdruck in seiner Beziehung zum Sohn, er schenkt jetzt diesem die Liebe, die er seinerzeit von seinem eigenen Vater begehrt hatte. Diese Lösung des Oedipuskomplexes ist die einzig normale, von der Natur gegebene, aber sie erfordert, daß man einen Sohn hat. Zu allen anderen Motiven, sich einen Sohn zu wünschen, gesellt sich also noch die Auswirkung der Passivität gegen den Vater hinzu.

Wir haben bereits früher ausgeführt, wie aus der Passivität zum Vater eine Identifizierung mit der Mutter hervorgeht. Nun müßen wir einer Verstärkung dieser Identifizierung gedenken, die zu Stande kommt, wenn der Knabe beim Zerfall des Oedipuskomplexes seine Mutter als Liebesobjekt aufgiebt. Ein Stück seiner aktiven wie seiner passiven Einstellung zur Mutter wird erhalten, dadurch daß der Knabe beides auf andere Frauen verschiebt, aber ein anderes Stück wird durch diesen Ersatz nicht befriedigt und für dieses tritt die Identifizierung ein. Nach dem uns bekannten Mechanismus entschädigt sich das Kind für den Verlust der Mutter, indem es sich selbst mit ihr identifiziert. Es wird dann im Laufe des Lebens anderen Männern, die an seine Stelle als Kind treten, mehr oder weniger von dem Maß der Liebe schenken, die er als Kind von seiten der Mutter begehrt hatte.

Die dritte der vom Ich zur Versöhnung seiner Konflikte verwendeten Methoden, die Sublimierung, besteht, wie

torna um homem e concebe seu próprio filho, ele identifica esse filho consigo mesmo quando criança e se identifica com seu próprio pai. Sua passividade em direção ao pai encontra agora expressão na sua relação com o filho, ele lhe dá o amor que uma vez desejou receber do próprio pai. Essa resolução do complexo de Édipo é a única normal, dada pela natureza; porém, ela exige que se tenha um filho. Além de todas as outras razões para se desejar ter um filho, acresce-se a elas agora os efeitos da passividade em direção ao pai.

Já abordamos antes como, a partir da passividade com relação ao pai, surge uma identificação com a mãe. Agora precisamos considerar um reforço dessa identificação, que acontece quando o menino desiste da mãe como objeto amoroso no momento em que o complexo de Édipo desmorona. Uma parcela de sua orientação tanto passiva como ativa em relação à mãe é conservada, na medida em que o menino desloca ambas para outras mulheres, mas outra parcela não se satisfaz com essa substituição, e, para esta, a identificação entra em cena. Por meio desse mecanismo, por nós conhecido, a criança encontra um ressarcimento pela perda da mãe, identificando-se com ela. Ao longo da vida, ela então vai dar a outros homens, que se colocam no seu lugar de criança, uma parcela do amor que, como criança, ela desejou obter da mãe.

O terceiro método utilizado pelo eu para a conciliação dos seus conflitos, a sublimação, consiste, como já

wir gesagt haben, darin, die ursprünglichen Ziele der Libido durch andere zu ersetzen, denen kein Widerspruch von Seiten des Überichs oder der Gesellschaft im Wege steht. In Bezug auf die Objekte wird das Gleiche durch den Vorgang der Verschiebung erreicht. Dies ist der Fall, wenn der Knabe, der seine Mutter doch nicht besitzen kann, seine Libido von ihr weg auf seine Schwestern richtet, wenn er welche besitzt, und dann weiter auf seine Cousinen oder die Freundinnen seiner Schwestern und endlich von denen aus auf fremde Frauen, in die er sich verliebt, bis er auf diesem Wege sein eigenes Weib findet. Je größer die Ähnlichkeit dieser Frau mit seiner Mutter, desto reicher kann der Zustrom der Libido zu seiner Ehe und desto größer seine Befriedigung in der Ehe werden. Und ebenso haften an dieser Mutterbeziehung so viele Antriebe zu Zerwürfnissen. Wahrhaft unübersehbar ist die Zahl der Sublimierungen, die von den Menschen zur Unterbringung ihrer Libido vorgenommen werden. Ihnen verdanken wir auch alle höheren Errungenschaften unserer Kultur, denn alle Kunst und Literatur dient dazu, irgend einer unbefriedigten Strebung der Libido einen Ausweg zu eröffnen und sogar die wissenschaftliche Forschung ist der Abkömmling jener frühen Neugierde, die das Kind für die Genitalien seiner Eltern aufgebracht hat. Selbst die menschliche Gesellschaft wird durch sublimierte homosexuelle Libido zusammengehalten, indem die Passivität des Knaben gegen seinen Vater sich in Liebe zu den Nebenmenschen im Dienste der Gesellschaft umsetzt. Wenn uns die menschliche Bisexualität zu Zeiten als eine schwere Belastung und

mencionamos, na substituição das metas[23] originais da libido por outras que não encontram oposição por parte do supereu ou da sociedade. Com relação aos objetos, isso é alcançado por meio do processo de deslocamento. Esse é o caso quando o menino, que não pode possuir sua mãe, desvia sua libido dela e a direciona para suas irmãs, caso tenha algumas, e daí para suas primas ou amigas de suas irmãs e, finalmente, a partir destas para mulheres desconhecidas, pelas quais se apaixona, até encontrar por esse caminho sua própria mulher. Quanto mais semelhança essa mulher tiver com sua mãe, mais rico será o afluxo de libido para o casamento e maior será a satisfação no casamento. Mas a esse relacionamento materno ainda estão ligados muitos impulsos para discórdia. Na verdade, é incalculável a quantidade de sublimações que as pessoas realizam para abrigar sua libido. A elas também devemos todas as conquistas mais elevadas de nossa cultura, pois toda a arte e a literatura estão a serviço de encontrar uma saída para alguma corrente insatisfeita da libido, e até a pesquisa científica é um derivado daquela curiosidade primária que a criança manifestou pelos genitais dos pais. A própria sociedade humana se mantém unida por meio de libido homossexual sublimada, na medida em que a passividade do menino em direção ao seu pai se transforma em amor ao próximo[24] a serviço da

---

23 [*Ziele*]. [N.T.]
24 [*Nebenmensch*]. [N.T.]

als Quelle unendlicher Schwierigkeiten erscheinen muß, so dürfen wir doch nicht vergessen, daß ohne sie die menschliche Gesellschaft überhaupt nicht bestehen könnte. Wenn die Männer nichts als aggressive Aktivität und die Frauen nichts als Passivität entfalten würden, so würde das Menschengeschlecht lang vor dem Aufdämmern historischer Zeiten erloschen sein, weil die Männer sich unter einander ausgemordet hätten. Die Homosexualität ist es, die zwar nicht in ihrer manifesten Form, wohl aber in ihren Sublimierungen, den Fortbestand einer Männergemeinschaft versichert und der es vielleicht gelingen wird, eines Tages alle Rassen der Menschheit zu einer großen Brüderschaft zu einigen.

Ehe wir die Darstellung der Grundvoraussetzungen der Psychoanalyse verlassen, mag es zweckmäßig sein, einige andere Ermittlungen anzuführen.

Jede Verhinderung im Abfluß der Libido erzeugt eine Stauung und Druckerhöhung in dem betreffenden Gebiet, die sich aber auch auf andere Gebiete fortsetzen kann. Die Libido drängt eben nach Abfuhr. Libidostauungen werden nicht dauernd und nicht über gewisse Niveauhöhen ertragen. Der Vergleich der Libido mit einem Wasserstrom, der von einem Wasserreservoir auf hohem Berg herabfließt, welches durch nie versagende Zuflüsse gespeist wird und sich dann in eine Anzahl von Kanälen verteilt, hat das eine für sich, daß er uns an die Eigenschaft der Libido mahnt, nach Abfuhr zu verlangen und an die Möglichkeit der Kommunikation zwischen ihren verschiedenen Ausbreitungen. Der Vergleich wird unzureichend, weil er das Verweilen

sociedade. Se a bissexualidade humana atualmente nos parece um fardo pesado e fonte de infinitas dificuldades, não podemos esquecer que, sem ela, a sociedade humana não teria como existir. Caso os homens não desenvolvessem nada além da atividade, e as mulheres nada além da passividade, a espécie humana teria se extinguido muito antes do alvorecer dos tempos históricos, pois os homens teriam se exterminado mutuamente. É a homossexualidade, não em sua forma manifesta, mas em suas sublimações, que garante a continuidade da comunidade humana e que talvez consiga um dia unificar todas as raças da humanidade em uma grande fraternidade.

Antes de abandonarmos essa apresentação dos pressupostos básicos da psicanálise, talvez seja útil expor ainda algumas outras investigações.

Todo impedimento do escoamento da libido provoca um represamento e um aumento de pressão na respectiva área, que, no entanto, também podem se espraiar para outras áreas. A libido sempre pressiona no sentido de sua descarga. Represamentos de libido não são toleráveis de forma permanente nem além de um certo nível. A comparação da libido com uma corrente de água que corre morro abaixo a partir de um reservatório no alto deste, que é incessantemente alimentado por afluências e que, a seguir, se distribui em uma quantidade de canais, tem a função de nos advertir da seguinte característica da libido: a exigência de descarga e a possibilidade de comunicação entre as diferentes vias do espraiamento. A comparação,

der Libido als ruhende Besetzung von einem gewissen Niveau nicht genug betont.

Die Intensität, oder wie wir im Sinne unserer Auffassung besser sagen, die Quantität der Libido ist bei verschiedenen Menschen sehr verschieden groß. Einige besitzen eine außerordentlich mächtige Libido, andere nur eine sehr schwache. Oder im Gleichnis: bei einigen ist das Reservoir auf dem Berg ein großer See, bei anderen ein kleiner Tümpel. Die Libido wird den Kanal, in den sie fließt, immer verlassen, wenn ihr ein anderer eröffnet wird, der ihren Quellen näher liegt, vorausgesetzt, daß die Widerstände des Ichs und der Außenwelt dort nicht größer sind. Sie wird auch bereit sein, eine Sublimierung aufzugeben, wenn sie eine andere finden kann, die sie besser befriedigt.

Im Kindesalter hatte die Entdeckung der Geschlechtsunterschiede zur Entstehung der Kastrationsangst mit all ihren Folgen geführt. Es giebt ein anderes Kindheitserlebnis, das nur diesem ersten an Wichtigkeit nachsteht, und das ist die Geburt des nächsten Kindes. Der Knabe, dem ein Brüderchen geboren worden ist, verfällt regelmäßig einer bestimmten Reaktion. Er fühlt sich verraten vom Vater wie von der Mutter, denn seine beiden Wünsche, mit der Mutter ein Kind zu zeugen und dem Vater ein Kind zu gebären, sind nun enttäuscht worden. Die Tatsache, daß jetzt ein Kind gekommen ist durch das Zusammenwirken von Vater und Mutter, aber ohne jede Rücksicht auf seine eigenen, so heftigen Wünsche, treibt ihn [in] eine gesteigerte Feindseligkeit

no entanto, se torna insuficiente por não sublinhar satisfatoriamente a permanência da libido como um investimento em repouso em determinado nível.

A intensidade ou, como dizemos melhor de acordo com a nossa concepção, a quantidade de libido é diferente nas diferentes pessoas. Algumas têm uma libido extremamente potente, outras, uma libido fraca. Ou ainda na nossa comparação: em algumas pessoas, o reservatório na montanha é um grande lago, já em outras, é uma pequena poça.

A libido vai abandonar o canal por onde flui sempre que outro canal, que esteja mais próximo à sua fonte, lhe seja aberto, desde que a resistência do eu e do mundo externo não sejam maiores ali. Ela também estará pronta para desistir de uma sublimação assim que encontrar outra que a satisfaça melhor.

Na idade infantil, a descoberta da diferença sexual havia levado ao surgimento da angústia de castração com todas as suas consequências. Existe somente outra experiência infantil que se aproxima dessa em importância, o nascimento da próxima criança. O menino que recebe um irmãozinho apresenta com regularidade uma determinada reação. Sente-se traído tanto pelo pai quanto pela mãe, pois seus dois desejos, conceber um bebê com a mãe e dar um filho seu ao pai, foram agora frustrados. O fato de um bebê ter chegado por uma atuação conjunta do pai e da mãe e sem nenhuma consideração pelos seus próprios desejos tão intensos leva-o a uma hostilidade acentuada em relação a ambos os pais, que pode culminar no

gegen beide Eltern, die im Todeswunsch gegen beide gipfeln kann. Den Vorwurf des Verrats und den Haß kann er dann ganz oder teilweise auf den jüngeren Bruder übertragen. Ein Kind, das sich normal entwickelt, befreit sich von dieser Haßeinstellung durch eine typische Identifizierung. Es verwandelt sich in den Vater des Kindes und setzt den jüngeren Bruder an seine eigene Stelle. Aber bei weniger normalem Verlauf bleibt der Vorwurf des Verrats an dem Bruder haften, und der Ältere wird nun sein Leben hindurch mißtrauisch Ausschau halten, ob nicht die Freunde, die sich später an die Stelle des jüngeren Bruders setzen, Dinge gegen ihn thun, in denen sich jener Verrat wiederholt.

Im beschriebenen Fall begründet sich das Gefühl, verraten worden zu sein, auf die Enttäuschung sowohl aktiver wie passiver Libidoregungen. Aber aus der passiven Homosexualität kann etwas viel Ernsteres hervorgehen. Die Verdrängung der passiven Homosexualität treibt manche Personen in die persekutorische Form der Paranoia, in den Verfolgungswahn. Es ist die Regel, daß der Kranke sich zu allernächst von der Person verfolgt und verraten glaubt, die er am stärksten geliebt hat. Der Wahn des Verrats und der Verfolgung hat oft gar keine verständliche Unterlage, er gehorcht dem Bedürfnis, sich von der geliebten Person loszumachen, weil die passive Homosexualität des Kranken von ihr nicht befriedigt wird. Wenn der Kranke annehmen kann, daß die Person, die er so heiß liebt, ihn betrügt und

desejo de morte de ambos. Ele pode então transferir total ou parcialmente a censura pela traição e o ódio para o irmão mais novo. Uma criança que tenha um desenvolvimento normal livra-se dessa posição de ódio por meio de uma identificação típica. Ela se transforma no pai da criança e coloca o irmão mais novo no seu lugar. Porém, em um desenvolvimento menos normal, a repreensão pela traição permanece aderida ao irmão, e o mais velho passará a vida a procurar saber, desconfiado, se os amigos, que mais tarde se colocam no lugar do irmão caçula, não farão contra ele coisas nas quais a traição se repetirá.

No caso descrito, o sentimento de ter sido traído é justificado pela decepção tanto das moções libidinais[25] ativas como das passivas. Porém, algo bem mais sério pode surgir da homossexualidade passiva. A repressão da homossexualidade passiva leva algumas pessoas à forma persecutória de paranoia, ao delírio de perseguição. É regra que o doente se sente perseguido e traído mais imediatamente pelas pessoas que ele mais fortemente amou. O delírio de traição e de perseguição com frequência não tem nenhum fundamento compreensível, ele obedece à necessidade de se livrar da pessoa amada, pois a homossexualidade passiva do doente não é satisfeita por ela. Se o doente supõe que a pessoa que ele ama tão ardentemente o trai e

---

25 [*Libidoregungen*]. [N.T.]

verfolgt, dann darf er ja Haß an die Stelle seiner Liebe setzen und ist von ihr frei. In allen Fällen von ungerechtfertigtem Mißtrauen und Verfolgungswahn gelingt die Zurückführung auf verdrängte Homosexualität ohne Schwierigkeit. Auch Menschen, die man nicht wahnsinnig nennen kann, bedienen sich des nämlichen Mechanismus, um sich gegen das Überwuchern ihrer passiven Homosexualität zu schützen. Wenn immer [wir] finden, daß ein Mann geneigt ist zu glauben, daß ihn seine nächsten Freunde verraten wollen, dürfen wir annehmen, daß sein Mißtrauen einen Selbstschutz gegen passiv homosexuelle Gefühle bedeutet. Wenn der Freund in irgend einer Weise ein Vertreter des ursprünglichen Verräters, des jüngeren Bruders, sein kann, dann hat diese Abwehr der Homosexualität offenbar ein leichteres Spiel. Für halbwegs normale Menschen ist es glücklicherweise schwer, von den Tatsachen des realen Lebens weg zur Erfindung von Tatsachen getrieben zu werden, nur die Unglücklichen, deren passive Homosexualität übermäßig groß ist, müssen das zu Stande bringen.

Es ist vielleicht ein Gesetz, jedenfalls aber ein häufiges Vorkommnis, daß man einer Person, die man besonders intensiv liebt, auch ein tüchtiges Stück Haß zuwendet. Die eine oder die andere dieser gegensätzlichen Gefühlsregungen wird dabei ganz oder teilweise ins Unbewußte verdrängt. Wir heißen das die Tatsache oder das Prinzip der Ambivalenz.

o persegue, então ele poderá substituir o amor por ódio, e assim se ver livre dela. Em todos os casos de desconfiança injustificada e de delírio de perseguição, é possível remetê-los à homossexualidade reprimida sem grande dificuldade. Também pessoas que não podemos chamar de loucas utilizam-se do mesmo mecanismo para se proteger do crescimento desmedido da sua homossexualidade passiva. Sempre que achamos que um homem tende a acreditar que seus amigos próximos o querem trair, podemos supor que a sua desconfiança significa uma proteção contra sentimentos de homossexualidade passiva. Se o amigo de alguma maneira pode ser um representante do traidor original, do irmão mais novo, então essa defesa da homossexualidade pode se dar mais facilmente. Para pessoas medianamente normais, felizmente é difícil se afastar dos fatos da vida real e se ver levado para a invenção de fatos; somente os infelizes, cuja homossexualidade passiva é extremamente grande, precisam levar isso a cabo.

Talvez seja uma lei, de qualquer forma é um acontecimento muito frequente, que uma pessoa intensamente amada também seja alvo de uma boa parcela de ódio. Uma ou outra dessas moções emocionais[26] contraditórias é então reprimida no seu todo ou em parte no inconsciente. Chamamos a isso de fato ou princípio da ambivalência.

---

26 [*Gefühlsregungen*]. [N.T.]

Versagungen, Mißgeschicke jeder Art haben die Wirkung, die Libido auf frühere Positionen zurückzudrängen, z.B. Sublimierungen rückgängig zu machen zu ihren ursprünglichen Wunschbesetzungen. Dies ist die sogenannte Regression.

Im Lauf eines Menschenlebens kann es geschehen, daß die seelische Entwicklung irgendwo zu einem plötzlichen Stillstand und Endpunkt kommt. Ein überwältigendes Ereignis hat die Libido in Positionen gedrängt, die von nun an festgehalten werden bis zum Tod oder zum geistigen Zerfall, das ist die Definition der Fixierung.

Falhas ou desventuras de toda ordem têm como resultado pressionar a libido de volta para posições anteriores, por exemplo, fazendo as sublimações retrocederem aos seus investimentos de desejos anteriores. Esta é a assim chamada regressão.[27] Ao longo da vida de uma pessoa, pode acontecer que o desenvolvimento psíquico chegue a uma parada repentina e a um ponto final. Um acontecimento esmagador pressionou a libido a posições que a partir de então são mantidas até a morte ou até o colapso psíquico, e essa é a definição de fixação.[28]

---

27 [*Regression*]. [N.T.]
28 [*Fixierung*]. [N.T.]

Notas sobre alguns verbetes

ELSA VERA KUNZE POST SUSEMIHL[1]

Abfuhr: escoamento, descarga. Transporte. Levar adiante uma carga, conduzir algo para outro lugar, remover algo. Trata-se de um substantivo que descreve um movimento, um processo. Ver também: Freud, S. (2007), Nota do tradutor, *Obras psicológicas de Sigmund Freud* (v. 3, p. 75), Rio de Janeiro: Imago; e verbete em Hanns, L. (1996), *Dicionário comentado do alemão de Freud*, Rio de Janeiro: Imago.

Abfluss: escoamento, descarga. Esse termo é usado aqui quase alternadamente com *Abfuhr*, ao qual é acrescida

---

[1] Psicanalista, membro efetivo da Sociedade Brasileira de Psicanálise de São Paulo (SBPSP), membro do Departamento Psicanálise com Crianças do Instituto Sedes Sapientiae, tradutora da equipe de tradução das *Obras Psicológicas de Sigmund Freud*, Imago.

agora a conotação de algo fluido, de escoamento de uma substância líquida.

Endstreben: tendência final. Palavra composta por *End* e *Streben*, final e tendência ou anseio.

Fixierung: fixação.

Gefühlsregungen: moções emocionais. Palavra composta de *Gefühl* e *Regungen*. Movimentos emocionais iniciais que começam a se apresentar e se desenvolver.

Libidoregungen: moções libidinais. Palavra composta de *Libido* e *Regungen*.

Nebenmensch: próximo. Palavra composta por *neben* e *Mensch*. Significa o outro, o próximo.

Regression: regressão.

Regung(en): moção(ões), impulso(s). Um movimento inicial que está despertando, brotando e apresenta suas primeiras manifestações. "As moções ou impulsos são manifestações da pulsão [aqui instinto] quando esta surge ainda pouco carregada, isto é, refere-se a um estado de iniciativa, portanto o termo impulso não denota aqui algo súbito, ocasional e espasmódico, mas uma corrente inicial que pode ainda sofrer recalque [aqui repressão]; essa corrente inicial vai se acumulando, ocupando e preenchendo de energia as representações mentais, desejo ou ideias, que, ao se incharem, reforçam-se e passam a representar na psique as pulsões ativadas naquele momento." Freud, S. (2007), Nota do tradutor, *Obras psicológicas de Sigmund Freud* (v. 3, p. 80), Rio de Janeiro: Imago.

Sexualtrieb: instinto sexual. Palavra composta de *Sexual* e *Trieb*.

Streben: ansiar, ver a seguir em *Strebung*.

Strebung(en): tendência(s), corrente(s). Esforço, vertente, empenho, tendência. "Derivado do verbo *streben*, cujo sentido é 'almejar', 'anelar', 'esforçar-se por alcançar'. O substantivo refere-se ou a uma 'vertente', 'corrente', 'tendência', que anela ou se esforça por atingir certas metas, ou ao próprio 'esforço' ou 'empenho'. Carrega em si o sentido de vivacidade e autonomia mobilizadas pela volição e não expressa nem uma lei e nem uma propensão, como ocorre com o termo 'tendência', o qual é muito utilizado nas traduções brasileiras." Freud, S. (2007), Nota do tradutor, *Obras psicológicas de Sigmund Freud* (v. 3, p. 101), Rio de Janeiro: Imago.

Todestrieb: instinto de morte.

Trieb(e): instinto(s). A tradução desse termo para o português está inserida em um grande debate que perdura por décadas, tendo como alternativa a palavra "pulsão". Optamos aqui por "instinto" para sublinhar o enraizamento dos conflitos psíquicos nas fontes corporais do instinto, conforme Freud destaca neste texto. De acordo com Hanns (em Freud, 2007): "[*Trieb* é um] termo corriqueiro e polissêmico, designa genericamente uma 'força impelente' . . . e abrange um arco de sentidos: o surgimento da necessidade; processos fisiológicos de transmissão; sua tradução para o psíquico; o processamento psíquico e as metas resultantes desses processos".

Ainda: "Em alemão, o termo descreve as diferentes esferas de circulação dessa força impelente, desde o polo que brota e impele a ação ao polo que atrai a ação para si; *Trieb* é a força responsável pelas necessidades, vontades, impulsos e desejos... e ao mesmo tempo é ela mesma a resultante desse processo, isto é, a representação psíquica da necessidade, da vontade, dos impulsos, dos desejos... Freud emprega o termo para referir-se aos diferentes momentos desse arco de sentidos".[2] Já no *Dicionário comentado do alemão de Freud*, Hanns define *Trieb* como: "Força interna que impele ininterruptamente para a ação. Tendência, inclinação. Instinto, força inata de origem biológica dirigida a certas finalidades. Ânsia, impulso, vontade intensa. Broto, rebento".[3]

Triebanspruch(üche): exigência(s) instintiva(s) ou demanda(s) instintiva(s). Palavra composta de *Trieb* e *Anspruch*.

Triebregungen: moções instintivas. Palavra composta de *Trieb* e *Regungen*. Os movimentos iniciais de um instinto que está brotando, suas primeiras manifestações, uma corrente inicial que indica algo que vai tomar forma.

Triebwunsch: desejo instintual. Palavra composta por *Trieb* e *Wunsch*.

---

2 Freud, S. (2007). *Escritos sobre a psicologia do inconsciente* (Obras Psicológicas de Sigmund Freud, Vol. 3, pp. 99-177). Rio de Janeiro: Imago. [N.T.]
3 Hanns, L. (1996). *Dicionário comentado do alemão de Freud*. Rio de Janeiro: Imago. p. 338.

Unterdrückung: supressão. Esforço de controlar um sentimento consciente inadmissível e intolerável. (Freud, S. (2007), Nota do tradutor, *Obras psicológicas de Sigmund Freud* (v. 3, p. 169), Rio de Janeiro: Imago).
Vaterrepräsentant(en): representante(s) paterno(s). Palavra composta de *Vater* e *Repräsentanten*. Aquele(s) que está(ão) no lugar do pai, substituto(s) do pai.
Verdrängung, verdrängen: repressão, reprimir. O substantivo e o verbo em alemão têm um sentido dinâmico de "empurrar algo para o lado", "tirar da vista" ou "tirar de cena". Trata-se de uma palavra composta, cuja raiz é dada pelo verbo *drängen*, que por sua vez significa "empurrar, forçar". Remeto o leitor interessado a Hanns, L. (1996), *Dicionário comentado do alemão de Freud*, Rio de Janeiro: Imago, onde encontrará maiores detalhes.
Verleugnen: negar, renegar. Também recusa da realidade, denegação, desmentido. Negação de uma evidência. Nesse texto, o termo não é utilizado na concepção conceitual que tem em outros momentos na obra freudiana.
Ziel(e): meta(s).

Posfácio

Luís Carlos Menezes[1]

Não surpreende que Freud – com uma pneumonia, deprimido – tenha de súbito reagido com vivacidade quando o diplomata e amigo William Bullitt lhe falou do livro que estava escrevendo sobre o tratado de Versalhes e sobre o presidente americano Thomas Woodrow Wilson. Diz Bullitt que seus olhos brilharam e que ele se pôs a lhe fazer muitas perguntas. Ali, naquele encontro, num sanatório berlinense, nasceram a colaboração entre os dois homens com vistas ao livro, seus impasses e seus percalços.

Nos primeiros meses de 1919, os velhos impérios coloniais estavam esfacelados e, em Paris, decidia-se com ferocidade e ganância a partilha do mundo entre os "Aliados" – Inglaterra, França e Itália –, bem como duríssimas

---
[1] Psicanalista, membro da Sociedade Brasileira de Psicanálise de São Paulo (SBPSP) e do Departamento de Psicanálise do Instituto Sedes Sapientiae.

imposições econômicas às nações vencidas – a Alemanha primeiro, depois os impérios Austro-Húngaro e Otomano, que chegavam ao fim. Acionava-se a bomba-relógio histórica que, em 15 a 20 anos, jogou a Europa e o mundo numa guerra ainda mais destruidora.

Bullitt foi um diplomata que participou da equipe americana na Conferência de Paz de Paris e que mantinha estreita relação com o braço direito do presidente americano, o Coronel House. No livro, ele relata os bastidores da diplomacia americana, centrado na pessoa – e no "retrato", digamos, psicopatológico do presidente (Wilson foi presidente dos Estados Unidos de 1913 a 1921).

Durante os anos de 1915 e 1916, o presidente Wilson se empenhara em propor, primeiro aos Aliados e, posteriormente, à Alemanha, uma trégua na guerra com uma reunião das nações beligerantes, sob a égide dos Estados Unidos, para alcançar uma paz justa, negociada, sem vencedores e na qual fosse criada uma organização permanente, uma Sociedade das Nações. Os conflitos que viessem a surgir no futuro poderiam, a partir de então, ser resolvidos pela negociação no âmbito dessa instituição internacional, o que seria uma garantia permanente de paz no mundo.

A proposta não foi bem recebida nem por uma parte, nem pela outra: ambos os lados tinham tratados secretos contemplando objetivos de guerra envolvendo interesses territoriais e econômicos que iam muito além das motivações oficiais. Segundo Bullitt, o governo americano tinha

condições de pressionar os Aliados no sentido da paz proposta, já que estes dependiam de suprimentos, de armas e do financiamento dos Estados Unidos.

Terminada a guerra, o presidente Wilson chegou a Paris para as discussões de paz com os mesmos princípios, garantindo para os alemães e outros povos vencidos uma paz justa, equitativa. Bullitt nos relata quase todos os momentos dessas conversações e seus bastidores do lado americano, seguindo com uma lupa os estados e as flutuações neuróticas de Wilson, que acaba cedendo em tudo, incapaz de defender o seu ideário, apesar do enorme poder que detinha naquele momento. Podemos seguir também o desmoronamento mental e físico do presidente à medida que se dá conta de seu – na perspectiva de Bullitt – absurdo fracasso.

Para quem trouxe luzes sobre as incidências de conflitos e de inibições neuróticas na vida pessoal, quando a questão (mesmo que apenas como um exercício conjetural) diz respeito aos impedimentos neuróticos de um homem com um poder de decisão que podia afetar a tantos – o que estava em jogo era o futuro da Europa e do mundo –, podemos entender o interesse, o "brilho nos olhos" de Freud quando um dos participantes diretos da conferência, dispondo de uma quantidade imensa de dados, propõe um estudo psicológico de Wilson.

Claro que os fatos históricos não são redutíveis a essa escala, de um indivíduo, pois dependem dos interesses e das forças sociais em jogo. É em outro plano que vemos a

inventividade psicanalítica de Freud mostrar-se fecunda, na especulação sobre os fundamentos de uma cultura e de uma religião, em *O homem Moisés e a religião monoteísta* (ainda não escrito em 1931), no Leonardo, o grande homem da Renascença, ou em *Totem e tabu*, em que o pai morto, sacralizado como Totem, é colocado no centro da organização cultural criada com base na culpa e na renúncia coletiva.

A temática do complexo de Édipo diz respeito à conflitualidade amorosa e sexual desde a tenra infância, mas também (e sempre) a uma questão de poder, seja entre gerações (filhos e pais), seja, no plano social mais amplo, político. O complexo de Édipo, descoberto por Freud pela análise dos sonhos e dos sintomas, seus e de seus pacientes, foi de imediato associado a cenários que incluem disputas de poder, seja na tragédia de Édipo Rei, seja na referência ao Hamlet de Shakespeare, tragédia centrada na vingança contra o tio, assassino de seu pai e também usurpador do poder real.

O presente manuscrito, recém-descoberto, corresponde ao primeiro dos 35 capítulos dedicados a um "retrato psicológico" do presidente Wilson, todos indevidamente atribuídos, na publicação de 1966, tanto a Freud como a Bullitt.

Ora, como jornalista e diplomata, Bullitt exerceu funções importantes: foi o enviado dos Estados Unidos a Moscou, onde esteve com Lênin em 1919, e recomendou ao seu governo o reconhecimento do novo governo

bolchevique; em 1934, foi o primeiro embaixador americano na União Soviética; em 1936, embaixador em Paris, tendo participado, como já foi dito, da Conferência de Paz de 1919. No livro, seu relato prende não só pelo testemunho histórico como pelas descrições das reações sintomáticas do presidente Wilson, que constituem um material precioso para a reflexão clínica. Instruído pelas conversas com Freud, ele não tem como ir além de explicações "psicanalíticas" recorrentes ao longo do livro, fazendo uso de algumas das noções sobre os conflitos edípicos tal qual Freud as formulou no primeiro capítulo, de forma que esse projeto não nos deixou mais um "caso" clássico – depois do presidente Schreber, um presidente Wilson: Freud não avançou além de algumas formulações adicionais sobre o cristianismo, suscitadas pelo "caso Wilson", e podemos dizer, com E. Roudinesco, que "o livro de Bullitt fica sendo uma obra freudianamente inacabada" (2017, p. 24, tradução nossa).

Já no "capítulo" escrito por ele, Freud discorre num estilo bastante livre sobre o complexo de Édipo e a teoria das pulsões, deixando entrever a estranha pulsão sexual tal qual ele a descreveu nos *Três ensaios sobre a teoria sexual* (1905). A estranheza, como sabemos, decorre do fato de as pulsões sexuais não poderem ser concebidas como ligadas "naturalmente", em sua própria definição, ao objeto pelo qual encontram satisfação.

Essa ligação se faz pela fantasia, privilegiando as ocasiões de contato físico, afetivo, desejante, primariamente

encontradas junto à mãe e suas próprias fantasias, ao pai, bem como a outras pessoas do convívio do bebê e da criancinha. Estes, naturalmente, também têm entre eles fantasias, desejos e conflitos aos quais a criança não é insensível. Podemos dizer que o complexo de Édipo e seu operador principal, o conceito de castração (fantasias e angústias), situam as vias pelas quais ocorre certa organização dessa sexualidade, *a priori* polivalente e indeterminada, levando em conta os desejos conflitivos da criança pelos pais e demais familiares, bem como os deles em relação a ela. Pelo complexo de Édipo, a sexualidade encontra uma destinação como o amor narcísico dessexualizado, voltado para si mesmo ou, de modo mais elaborado, uma forma sublimada, como investimento de um ideal; por outro lado, constitui-se como fantasias conscientes dominantes de desejo sexual voltadas para pessoas do outro ou do mesmo sexo, enquanto as fantasias inconscientes, também nutridas pelos investimentos dos objetos edípicos, são recalcadas; outro destino para os investimentos edípicos são as identificações.

O manuscrito original agora encontrado permite que o comparemos com o primeiro capítulo do livro publicado em 1966, para vermos que passagens, ora várias páginas, ora apenas uma palavra, haviam sido, na época, excluídas por Bullitt nesta exposição de Freud. Ou seja, o que exatamente poderia soar desconfortável, inconveniente, bizarro para o leitor de 1966 e o que, ao contrário, era aceitável.

O complexo de Édipo, a história familiar de conflitos envolvendo amores, ódios, identificações com os pais e com seus ideais, a ambivalência de sentimentos e variantes em torno disso são mantidos e utilizados por Bullitt. O que não cabe e parece não fazer sentido para o leitor de Bullitt, sendo retirado da exposição de Freud na publicação de 1966, é o que diz respeito ao sexual freudiano. Não creio que essa censura seja tanto uma questão de pudor ou de escândalo em relação à sexualidade. O que a torna difícil é a forma, por assim dizer, em aberto como Freud a concebe, portando um grau inquietante de indeterminação, seja para referenciais do senso comum social, seja para referenciais anatomofisiológicos.

Ao iniciar a sua exposição do funcionamento psíquico, Freud começa pelo que move o psiquismo: "na vida psíquica do ser humano, atua desde o início uma força que chamamos de *libido*, a energia do instinto sexual" (p. 35). No livro de 1966, essa passagem aparece assim: "na vida psíquica do homem está em atividade, desde o seu nascimento, uma força a que chamamos libido, e que definimos como a energia de Eros" (Freud & Bullitt, 1966/1984, p. 54).

No miolo da vida psíquica, ficam então a libido e o Eros, sai a pulsão sexual. Na frase que segue, reaparece a pulsão sexual sob a pena de Freud, substituída no livro pela palavra libido. Freud prossegue, no manuscrito, dizendo que a energia da pulsão sexual a que chamamos de libido – insistindo, pois, na mesma ideia – remete a "tudo

aquilo a que nos referimos com a palavra polissêmica 'amor'", recobrindo, mais ou menos, "o conceito de *Eros* em *Platão*" (p. 35). É só então que aparece o Eros usado antes no lugar de pulsão sexual.

Na frase seguinte, Freud afirma: "Provavelmente seria um alívio para o leigo caso simplesmente usássemos Eros e erotismo em vez de instinto sexual e sexualidade e definíssemos a libido como a energia de Eros" (p. 35). Essa frase, naturalmente, foi também excluída. Bullitt cuidou, portanto, desde o início da exposição de Freud sobre a teoria da libido, para que os "leigos" não tivessem que se haver com a *pulsão sexual*, cuidado que manterá de forma muito coerente ao longo de todo o texto. Trata-se de um belo modelo do recalque como censura, em que o sexual simplesmente desaparece sob as categorias de um quantitativo metafórico, cargas elétricas etc., como libido capaz de sofrer transformações, amor, ódio, destrutividade, permeando as relações edípicas.

A noção de bissexualidade é mantida para dar conta do jogo entre posições ativas e passivas em relação aos pais de ambos os sexos e amplamente utilizada por Bullitt para o retrato psicológico de Wilson. Este tem, como pedra de toque, uma feminização em relação ao "incomparável pai", como Wilson sempre o chama, um pastor presbiteriano cuja figura soberba e cuja oratória fascinaram desde sempre o filho. A feminização inconsciente de Wilson também se realiza por algumas amizades intensas estabelecidas com homens um pouco mais

jovens que ele, um pouco menores fisicamente e loiros: nessas relações, ele é o pai devotado e amoroso com o amigo por meio do qual frui passivamente do amor recebido (dado por ele mesmo). Freud descreve esse mecanismo no manuscrito sob o nome de dupla identificação, na linha de suas hipóteses em *Uma lembrança de infância de Leonardo da Vinci* (1910). O Coronel House, já mencionado, foi o último desses amigos.

A apresentação de Freud da "tese" de que todo ser humano é bissexual, composto por elementos de masculinidade e elementos de feminilidade, naturalizada pela comparação com os corpos orgânicos compostos pelos elementos oxigênio, hidrogênio e carbono, foi interrompida neste ponto por Bullitt. A meu ver, deixava assim intelectualmente tranquilo o seu leitor, que continuaria até o final poupado dos problemas suscitados pelo sexual freudiano.

No manuscrito, podemos ver que Freud não para aí, mas continua considerando o que se apresenta para ele como problemático: "podemos nos abster aqui de discutir todas as dificuldades que encontramos quando queremos acrescentar aos conceitos de 'masculino' e 'feminino', além do seu sentido biológico, também um sentido psicológico" (p. 39).

Desde os *Três ensaios sobre a teoria sexual* (1905), Freud se confronta com a dificuldade em cernir esses dois termos como categorias metapsicológicas, usando-os com o seu valor descritivo e suas acepções aproximadas: mas-

culinidade é associada com atividade e feminilidade, com passividade, apoiando-se provisoriamente num certo imaginário social.

No presente manuscrito, Freud retoma essas características para as "tendências masculinas e as femininas". Entre as "femininas", menciona, na linha da passividade, "a necessidade de ser amado" e, no limite, "a inclinação a se submeter a outros, que alcança o seu extremo no masoquismo, na tendência a sofrer uma dor infligida pelo outro", em contraposição, pois, com as "masculinas", como "a necessidade de amar, de obter poder sobre as outras pessoas, de subjugar o mundo externo e alterá-lo de acordo com seus próprios desejos" (p. 41).

Depois de ter eliminado a afirmação de Freud sobre as dificuldades que a psicanálise encontra em relação a essa oposição, Bullitt se dá por satisfeito com a evocação dessas características em consonância com o senso comum e exclui as duas páginas que seguem, nas quais Freud se ocupa, justamente, da gama ampla de indeterminação e de fluidez das características descritas como masculinas e femininas na personalidade das pessoas e na orientação hétero ou homossexual de seus desejos.

Dessa maneira, o leitor de 1966 não tinha como saber que Freud, depois de afirmar que sim, pode haver coincidência entre a sexualidade anatômica atestada pelos genitais e as características da pessoa, em acordo com os traços convencionais, escreve: "Mas essa regra permite várias exceções. Masculinidade anatômica e masculinidade

psicológica com frequência não se apresentam juntas" (pp. 41, 43).

Mais algumas páginas do texto de Freud são excluídas, um pouco adiante, quando este descreve a teoria sexual infantil que dá fundamento à postulação de uma fase fálica e do complexo de castração que dela decorre, bem como a menção à possibilidade do prazer na passividade do menino em relação ao pai, como desejo de estar em posição feminina, no lugar da mãe, em relação a ele, o que supõe um desejo de castração.

Voltemos agora ao "retrato psicológico" do presidente Wilson, objeto de seu livro.

Para concluir, vou fazer referência a dois pontos, a meu ver, de grande interesse: o fato de, segundo Bullitt, Wilson "nunca ter lutado", sempre recuando diante de uma luta, com a variação que explicarei em seguida, e a sua relação com os ideais, ambos centrais no seu "retrato psicológico", sobretudo em sua infeliz e extremamente desgastante atuação na Conferência de Paz de Paris, em 1919.

Mencionei antes a necessidade ardente de um grande amigo, muito íntimo, o último dos quais foi o Coronel House ("o meu duplo", dizia Wilson), que foi, de fato, como sua sombra de 1911 a 1919. Recorrendo aos modelos que lhe foram oferecidos por Freud, Bullitt considerou essas amizades (três ou quatro ao longo de sua vida) como um destino das aspirações passivas em relação ao pai por dupla identificação: como disse, o amigo seria ele pequeno, enquanto ele próprio, o pai, daria amor e,

ao mesmo tempo, fruiria dele por identificação com o amigo.

Já as aspirações ativas e hostis em relação ao pai seriam canalizadas para uma pessoa tratada como seu inimigo mortal, à qual dedicava toda a sua capacidade de combate por um tempo indefinido, com absoluta fidelidade. Também há uns três personagens nessa posição que se sucedem na vida de Wilson. Por ocasião da conferência de Paris, já há alguns anos, o seu ódio e a sua combatividade estavam voltados completamente para uma pessoa, o senador americano Lodge.

Nas negociações, ao se encontrar diante dos dirigentes da França e da Inglaterra, Clemenceau e Lloyd George, ele teria, segundo Bullitt, usado de "estratégias femininas", esperando que, com discursos generosos e altruístas, como os do pai na infância, na igreja, seria capaz de comovê-los e obter uma adesão fraterna. Bullitt, parece-me, descreve assim uma maneira histérica de se fazer amar, negando os gigantescos interesses em jogo e as quedas de braço inevitáveis nas negociações com esses estadistas, chefes de guerra. Belas palavras contra duras realidades, inclusive a do poderio americano do qual era ele o chefe e a de que França, Inglaterra e Itália, os Aliados, estavam então falidos.

Dependiam totalmente da ajuda americana para se reerguerem, e Wilson tinha todas as condições, segundo Bullitt, para pressioná-los e colocá-los contra a parede. Em algumas situações, embevecido com seus próprios

discursos – de novo, como o pai e em cumplicidade com ele –, embriagava-se pelo amor às palavras, às frases eloquentes, em detrimento dos fatos. Nesses arroubos, ele acabou fazendo propostas que, sem perceber, representavam tudo aquilo ao qual ele estava ali para se opor e até se adiantavam às mais ousadas reivindicações dos líderes com os quais negociava.

Desde a infância, estava convicto – convicção compartilhada com o pai – de que seria um grande homem, alguém que realizaria grandes coisas. Tinha chegado a ocasião para isso, de impor a paz justa e de criar as bases para uma nova ordem entre as velhas potências europeias exauridas pela Grande Guerra. A população da Europa, que o recebera de maneira apoteótica, e também os americanos esperavam isso dele, isso que ele defendera e encarnava. Um grande ideal político para uma Europa renovada e, portanto, para a Civilização Ocidental. Acamado, acometido por crises de enxaqueca, por sintomas intestinais, por depressões e por uma condução desastrada das negociações, fracassou.

Desde cedo, a grandeza apresentava-se para ele na forma de uma aspiração messiânica, inspirada no personagem de Jesus Cristo, cuja relação libidinal com o pai, Deus-Pai, é fortemente solicitada no pensamento de Freud por esse "caso" marcado por um vivo amor do filho pelo pai, central em sua neurose.

Para que se tenha uma ideia, quando da morte da mãe – mulher inibida e amorosa –, Wilson, casado e com

filhos, convida o pai para vir morar com eles. Para Bullitt, não parece haver sombra de dúvidas: Wilson tomou então o lugar deixado vago pela mãe e encontrou, assim, uma ocasião excepcional de dar vazão às suas aspirações passivas para com o pai. Deleitava-se em enchê-lo de cuidados quando vinha à sua casa, e as cartas dele para o pai, pelas amostras oferecidas por Bullitt, eram dignas de uma correspondência amorosa ardente.

Freud foi levado a retomar suas proposições de *Totem e tabu* (1913) sobre o personagem de Jesus Cristo, o filho que morreu em sacrifício para resgatar os irmãos junto a Deus-Pai, num evento sobre o qual se funda uma nova religião, o cristianismo. Esse evento condensa um reconhecimento do crime dos tempos imemoriais, o parricídio originário, redimindo a humanidade da culpa atávica graças à morte do Filho. Este acaba, pelo mesmo evento, tornando-se ele próprio Deus.

A homossexualidade passiva e ilimitadamente submissa de Jesus ao Pai, como em Wilson, encontra-se no centro da reflexão de Freud neste manuscrito, levando-o à afirmação de que "Cristo é justamente a conciliação mais perfeita de masculinidade e feminilidade" (p. 81) (desnecessário dizer que Bullitt cuidou para que nada disso constasse do escrito de Freud na publicação de 1966).

Numa passagem do manuscrito, seguramente mobilizado pelo "caso Wilson", Freud trata do supereu baseado na imagem de um pai poderoso, idealização que pode tornar-se "monstruosa" quando o pai é identificado com

o próprio Deus todo-poderoso, cuja injunção é: "você precisa fazer possível o impossível" (p. 65), exigindo que a pessoa se tome por Deus, o que a leva a perder "a capacidade de considerar os fatos" (p. 65).

Bullitt diz que Wilson, por vezes, tomava-se por Deus. Podemos nos perguntar se, seguindo os passos de Bullitt — ele próprio, creio, um grande idealista —, não estaríamos exigindo de Wilson algo que se encontrava além do possível?

E supor, além disso, que Wilson pudesse carregar essa exigência em relação a ele mesmo: tornar-se um grande homem, para o pai, como o pai — desde a infância —, implica, para qualquer ser humano, em renúncias e sacrifícios que podem ser desmedidos e que dizem respeito ao essencial de uma vida. A presidência dos Estados Unidos pode ter sido a cruz de Wilson, e a expectativa de ter de acabar com as guerras e criar um novo mundo de paz, um absoluto impossível.

Por outro lado, espera-se que os ideais culturais e políticos de uma pessoa a orientem em seus desejos e suas ações. É nesse ponto que Wilson pareceu, aos olhos de Bullitt, perdido em seus propósitos nas negociações.

Podemos cotejar a detalhada descrição dos estados físicos e mentais de Wilson ao longo das negociações de Paris com o artigo de Freud, por coincidência do mesmo ano, *Bate-se em uma criança* (1919). Nesse artigo, ele postula que a libido homossexual em relação ao pai, dessexualizada no investimento dos ideais e na constituição

do supereu, pode regressivamente vir a se ressexualizar, o que daria uma pista, a meu ver fecunda, para pensar os exacerbados e erráticos estados de humor, as enxaquecas, os recolhimentos ao leito do Presidente Wilson naquele período, em que os propósitos orientados pelo ideal se desvanecem.

É particularmente representativo disso o dia em que Clemenceau e Lloyd George discutiam os tratados numa sala das dependências reservadas a Wilson, no seu hotel, enquanto o Coronel House ia e vinha, entre a sala e o quarto onde estava acamado o presidente, levando e trazendo propostas e contrapropostas.

A sublimação dos elevados ideais de Wilson, a serem entendidos, em seus fundamentos e segundo a clássica expressão de Freud, como "herança do complexo de Édipo", não teria ficado, por assim dizer, a meio caminho? Toda herança carece de um processo de transformação pelo qual o sujeito dela se apropria, além de depender – para se poder falar em herança – da morte de quem deixa a herança, digo, de um ato psíquico de parricídio? Ou, em Wilson, os ideais em sua grandiosidade nunca teriam ido além de um sonho de amor, sempre vivo, entre eles – ele e seu "incomparável pai"?

REFERÊNCIAS

Freud, S., & Bullitt, W. (1984). *Thomas Woodrow Wilson: um estudo psicológico*. Rio de Janeiro: Graal. (Trabalho original publicado em 1966).

Roudinesco, E. (2017). Dieu et le Président (Présentation). In S. Freud, & W. Bullitt, *Abrégé de théorie analytique (1931)* (pp. 7-27). Paris: Editions du Seuil.

GRÁFICA PAYM
Tel. [11] 4392-3344
paym@graficapaym.com.br